河北省工程勘察设计大师丛书

——建筑卷

河北省工程勘察设计咨询协会 主编

天津大学出版社

编委会

序言

燕赵大地沃野良川，南北通衢，山盘巨龙，水舞灵蛇。最近河北省工程勘察设计咨询协会准备出版一套“河北省工程勘察设计大师丛书”，这是河北省工程勘察行业领军人物的一次展示和检阅，也是改革开放以来河北省工程勘察行业所取得成就的集中体现。他们的作品和业绩对河北省起到了引领和推动作用，对全国工程勘察设计行业而言，也是一次极好的汇报和交流。

燕赵大地人杰地灵，群星璀璨。本丛书中的《建筑卷》展示了河北省建筑界李拱辰、郭卫兵、孙兆杰、谷岩、孔令涛、郝卫东、岳欣、曹胜昔等八位建筑大师的风采。他们长期植根、耕耘在燕赵大地，为本省建筑事业的发展与提升贡献了自己的才智和心血。他们是河北省建筑设计界的代表，是河北省改革开放和现代化进程的亲历者和践行者。他们的成就也是河北省建筑设计界的缩影。

天时、地利、人和的众多优越条件成就了这些建筑大师具有特色和生命力的作品。

解放思想春风化雨，改革开放大潮翻卷。尽管这八位建筑大师的教育背景、工作经历、成长过程各不相同，但是都脱离不开国家改革开放的大环境。改革开放40年，也为河北省带来了大好的机遇，在经济发展和城市化的进程中，广大城市和村镇以前所未有的速度进行着建设，基础设施的进一步发展，为建筑师们大展身手提供了绝好的舞台。这些大师们把握时代机遇，勇站时代潮头，创作出一批批体现时代特征、反映社会进步、具有地域特色的建筑精品，从而获得了业界广泛认可。

燕赵大地是中华民族的发祥地之一，物华宝地，人文璀璨，沧桑历史，画卷恢宏。五千多年前中华民族的始祖就在这里从征战到融合，开创了中华文明史。英雄千古悲歌，才俊旷世绝唱，这里有省级以上的文物保护单位930处，数量居全国第一位，有3处世界文化遗产，6个国家历史文化名城。“赵州陈桥巧夺天工，毗卢明绘美轮惊艳，隆兴佛阁圆照圣地，柏林禅寺悟空正源。”丰厚的历史文化积淀滋养了河北的大师，人文底蕴成为创作的源泉，他们守正创新，薪火相传，在各种不同类型的设计作品中很好地处理了传统与现代、坚守与开拓的关系，赋予自己的作品以新的生命、精神和气质。

国门的开放同样也惠及河北省。建筑师们可以通过“走出去、请进来”来完善自身。通过国外的考察和参观，可以实地了解欧美建筑的过去和现在，亲身体验当地的建筑潮流，及时掌握第一手信息。而同时通过在国内建筑市场与国外建筑师的交流和竞争，他们直接接触许多国外的新理念和新技术，兼收并蓄，皆为我用，进一步提升了大师们的创作激情和设计活力。

科教兴国，人心所向。我一直认为，建筑创作活动是极具个人色彩的集体创作行为。河北省的八位建筑师分属的五个不同的设计单位，在改革开放以后形成了不同的设计运作体制，在各自擅长的领域成熟地运行。一个成功的设计作品，首先需要领军人物的构思、组织和运作，同时需要与之配合默契而热情的团队，还要相关专业工程师的紧密合作，当然也需要开明而具前瞻性和包容力的主管部门和业主，最后还要有施工单位的支持和再创作，只有这样才能有设计作品的满意完成度。从这点出发，说明在设计作品创作的每一个环节，都需要具有“工匠精神”的队伍。这也是设计作品取得成功不可或缺的条件和人力保障。

河北省古称冀州。所谓“冀”者，希望之意也。在这片希望的田野上，可以预见随着新时代、新征程契机的来临，产业升级、结构调整、环境改善、生态优先将为城市建设的发展提供新的机遇。随着京津冀三地一体化上升为重大国家战略，除了疏解北京的非首都功能外，还要进一步提升河北省经济社会发展速度和水平，尤其是雄安新区的设立，提出了“成为推动高质量发展的全国样板，建设现代化经济体系的新引擎，坚持世界眼光、国际标准、中国特色、高点定位，坚持生态优先、绿色发展，坚持以人民为中心、注重保障和改善民生，坚持保护弘扬中华优秀传统文化、延续历史文脉”的目标。将来，这里将成为中国进一步改革开放的高地，为新时代全面深化改革、扩大开放树立新的样板。京津冀的建筑工作者们责无旁贷，河北省更是重任在肩。

太行山峰峦叠嶂，白洋淀碧波荡漾。预祝河北的建筑大师们在“千年大计、国家大事”的新征程中取得更大的成就。

中国工程院院士

北京市建筑设计研究院总建筑师

马国馨

前言

工程勘察设计作为技术密集型的生产性服务，在工程建设项目的决策和实施过程中发挥着至关重要的主导作用，是提高投资效益、推动节能减排、保护生态环境、确保工程质量和安全的关键环节。河北省委、省政府非常重视工程勘察设计行业的发展。在2009年中华人民共和国成立60周年之际，经河北省委、省政府批准，河北省住房和城乡建设厅、河北省人力资源和社会保障厅联合组织评选出河北省第一批工程勘察设计大师，其中包含工程勘察大师10名、工程设计大师10名、建筑大师5名；2013年评选出工程设计大师10名，其中包含结构、工业、机电、设备四个专业的人才；2017年又评选出工程勘察设计大师10名，其中包含工程勘察大师2名、工程设计大师5名、建筑大师3名。目前，河北省工程勘察设计大师共有45名。

为全面落实党中央、国务院关于雄安新区建设、京津冀协同发展的战略部署，把河北这个建筑大省建成建筑强省，河北省委、省政府决定，到2020年要共评选出55名工程勘察设计大师，从2017年开始，每两年评选一次。河北省工程勘察设计咨询协会为配合省委、省政府做好宣传工作，经河北省工程勘察设计咨询协会常务理事会决定，由协会组织编辑出版“河北省工程勘察设计大师丛书”，展现河北省工程勘察设计大师的风采，宣传河北省工程勘察设计大师的功绩，给全省工程勘察设计人员树立学习的榜样，推动河北省工程勘察设计技术的进步和发展；同时也让全国的工程勘察设计同行了解河北，帮助河北省工程勘察设计大师走出河北、走向全国。

编辑出版“河北省工程勘察设计大师丛书”在国内尚属首次，河北省工程勘察设计咨询协会为保证这套丛书的先进性、真实性，做了周密的安排和部署，所有入选丛书的河北省工程勘察设计大师，都是工程勘察设计大师所在单位推荐的，而且有所在单位的评价，以此保证工程勘察设计大师的先进性；每位工程勘察设计大师的材料都是由本人提供、工程勘察设计大师所在单位审核的，以此保证业绩的真实性。经认真审核研究，“河北省工程勘察设计大师丛书”最终选入了38名工程勘察设计大师。这38名工程勘察设计大师在各自的工作岗位上都立下了丰功伟绩，无论是学术和技术水平、执业操守、敬业精神，还是严谨的工作作风，都是广大工程技术工作者的楷模，其中有两名河北省工程勘察设计大师已被国家住房和城乡建设部评为“全国工程勘察设计大师”，所以这38名工程勘察设计大师能够代表河北省目前的工程勘察设计水平和精神面貌。

“河北省工程勘察设计大师丛书”委托天津大学出版社编辑印刷成册。丛书共分四卷，即《勘察卷》《建筑卷》《结构卷》《交通、水利、煤炭、设备卷》，既考虑了专业又考虑了行业。关于每卷中人名排序的问题，我们遵循先国家后地方，按政府批文的时间和排名，先者为上。这四卷分别安排四个单位负责组卷，《勘察卷》由河北建设勘察研究院有限公司负责，《建筑卷》由中国兵器北方工程设计研究院有限公司负责，《结构卷》由河北建筑设计研究院有限责任公司负责，《交通、水利、煤炭、设备卷》由河北省交通规划设计院负责。这四个单位均安排专人负责收集、组卷，做了大量的、细致的工作，在此我代表河北省工程勘察设计咨询协会对他们付出的辛苦劳动表示崇高的敬意和感谢。

工程勘察设计大师是一份荣誉，更是一份责任，责任与荣誉同在，盛名之下理应做出表率。希望各位大师不忘初心、牢记使命，为河北乃至全国的工程勘察设计行业的技术进步与发展做出更大的贡献。

梁金国

河北省工程勘察设计咨询协会

2018年10月19日

目录

李拱辰

1936年生人，河北建筑设计研究院有限责任公司资深总建筑师。1959年毕业于天津大学建筑系建筑学专业，毕业后至今一直从事建筑设计工作，主要设计作品有：唐山抗震纪念碑、河北艺术中心、泥河湾博物馆、上海黄浦新苑小区等。多项设计作品获国家、行业、省级优秀设计奖。

社会任职

中国建筑学会第九届、第十届理事会理事，曾任河北省土木建筑学会副理事长、秘书长；第二届全国注册建筑师管理委员会委员；1996年开始任全国二级注册建筑师考试命题专家组副组长，2004年后任组长，2017年后任顾问；2008年受聘担任石家庄市城乡规划建设专家咨询委员会委员。

主持工程情况及荣誉

唐山抗震纪念碑设计获2009年中国建筑学会建筑创作大奖；2017年入选第二批中国20世纪建筑遗产项目名录。

河北艺术中心设计获国家第十届优秀工程设计铜质奖；2002年度全国优秀工程勘察设计行业奖二等奖。

河北建设服务中心及泥河湾博物馆设计分别获2009年度、2013年度全国优秀工程勘察设计行业奖二等奖。

多年来通过设计工作，指导或带动一批年轻建筑师走向成熟。指导或参与的设计项目，如石家庄人民广场及西柏坡纪念馆改扩建设计等也多次获得全国行业奖、省部级优秀设计的较高奖项。

多年来负责全国二级注册建筑师考试命题及评分工作，在考试内容、题型设计、适考情况等方面作了许多基础性的研究工作，为全国二级注册建筑师考试的健康平稳发展，贡献了自己的一份力量。

学术成果

《华夏精粹——1991优秀建筑设计作品选》(上、中、下册)，任副主编，中国建筑工业出版社，1993。

《华夏精粹——1993优秀设计作品选》（上、中、下册），参与编辑，中国建筑工业出版社，1994。

《建筑设计资料集》（第二版）8、9、10集，参与编辑任编委，中国建筑工业出版社。

《河北省图书馆建筑设计构思》，主笔，《建筑学报》1982年第6期。

《思想的凝集、精神的象征——唐山抗震纪念碑纪念广场设计随笔》，《建筑学报》1987年第12期。

《形体与主题的和谐共生：泥河湾博物馆设计》，《建筑创作》2010年第10期。

《情感·人文·科技：河北建设服务中心设计札记》，《建筑创作》2010年第9期。

单位评价

资深总建筑师李拱辰先生大学毕业后到我单位工作，经历了我国建设的不平凡历程，设计了许多优秀的建筑作品，唐山抗震纪念碑、石家庄火车站、河北艺术中心等经典之作成为城市地标和优秀建筑文化遗产。泥河湾博物馆等项目经典与时尚相结合，体现了河北本土文化特征。收录本书的项目均为李拱辰先生倾心力作，凝聚着他辛勤的汗水。

李拱辰 ○

结缘建筑学

建筑学专业——我自己选择的专业、我热爱的专业，也是我为之奋斗一生的专业。当这本书出版时，案头的日历或许已经翻到了 2019 年，那将是我从业的第 60 个年头。真的是弹指一挥间啊！为了它曾经不分昼夜冥思苦想；为了它曾经不辞辛苦奔波劳碌；工作中为了达到建筑与环境的和谐相融，常常考察现场，不惜跋山涉水；为了追求它的完美细节，不顾 70 高龄，爬上了高高的脚手架……因为，我热爱这个专业。

既然热爱，那就先从选择专业说起吧。我在金磊先生主编的《建筑师的大学》一书中，写了《半个世纪的眷恋》一文，文中是这样记述的：我为什么选择投身建筑学？这得从中学时说起。我初中在北京育英中学（今北京二十五中）就读，初中开始我就喜欢写写画画。初一那年，一次我找到一块松木板，突发奇想，动手刻了一幅木版画《鲁迅像》，印出来挂在墙上沾沾自喜。初二的暑期，闲来无事，“画”了一幅剪纸《庆祝“八一”建军节》，大胆地寄给了报社，不料竟然被当年北京唯一的报纸《新民报》采用了，接着报社又邀我画了一幅《向捕鼠模范看齐》的剪纸也登了出来。平时我还常练练美术字，参与布置教室等。之后，我在北京一中读的高中，高中三年里我课余参加了校美工团的活动，利用更多的时间和机会提高自己的美术水平。特别是每个学期我都被老师指定，脱离班级学习十天左右，跟随美术老师设计绘制“五一”“十一”游行时仪仗队用的领袖像、装饰丰富的大型标语等。这使我经受了锻炼，收获不小，也算积累了一些美术功底吧！毕业前夕，高考志愿的选择成了主要话题，我希望沿着自己的兴趣特长发展，很想报考美术院校，但是，又觉得自身基础薄弱，发展堪忧，因而不免心虚。正苦于无人指路之际，一天我的教导主任张幼成老师问起了我的打算，我把自己的想法如实地汇报给他。他语重心长地对我说：“你不一定要单纯地学画画，可以考虑学习一种需要一定绘画基础的实用技术。你看看建筑系如何？”老师一席话使我茅塞顿开。经过进一步了解，我喜欢上了建筑学专业。不久，学校组织毕业班同学参观清华大学、北京大学，以便让大家对大学的专业加深感性认识。我重点参观了清华的建筑系馆。模型教具琳琅满目，作业渲染美不胜收，特别是一幅首都剧场的水彩渲染，色彩绚丽，光影丰富，地面倒影流光溢彩，深深地吸引了我。因此我暗下决心：一定要学建筑！

岁月渐渐远去，漫漫的生涯路上，洒满了艰辛与汗水，如今我已是鬓发皆白了。回想在这条路上，曾经经历了多少风雨与困惑，也曾享受过成功与欢乐，往事历历，令人感慨良多。

建筑创作和它所处的年代以及社会环境条件，往往有着千丝万缕的联系。诸如，地域环境、社会发展、科技水平、文化倾向、思维方式，等等。我所经历的年代，这种时代性的特征十分明显。以此为基础，我把我的设计生涯粗略地、并非绝对科学地划分为四个时期分述如下。

一、开端（1959 年 9 月—1964 年）

1959 年 10 周年国庆的前夕，我们走上了工作岗位，一切都有些陌生，一切都要从头学起。这一时期主要是：巩固学校所学专业知识，学习和熟悉设计院的工作方式与方法。我自知建筑专业知识根底浅薄，抓紧学习积累。那个年代专业杂志只有《建筑学报》等一两种，我将其视为难得的资料，一次次地翻阅，倍加珍惜。平日里更多的是通过工作，了解结构、设备专业相关知识和工种之间的配合技巧，以便自己的工作更主动。1961 年，按照当年“干部参加劳动”的规定，我去参加工地劳动一年。余下的日子里，设计画图、学习探讨、揣摩消化，再加上时日的磨炼，我终于可以独立承担一般工程的设计工作了，也算达到了作为一名建筑师最起码的要求。

这个时间段里，我参加的第一项设计记忆犹新。我曾在一篇文章里这样记述：1959 年 9 月我被分配到河北省建筑设计院工作，接触的第一项设计工作是参加天津会议楼的设计，会议楼位于天津宾水道，紧邻天津宾馆的西侧，是为省委、省政府召开大型会议时与附近的河北会堂（今天津大礼堂）配套使用的。分配给我的任务是面临宾水道的主入口门头设计，从功能、尺度、形式的推敲，到方案认定后施工图的绘制。虽是局部设计，内容却小而全。开始构思时，我翻阅了一些资料，也大有“书到用时方恨少”之感。刚参加工作脑海空空，自然以模仿为主，又不愿生搬硬抄，还想保持些新鲜感，为此而绞尽脑汁。那时正值10周年国庆，一批国庆工程刚刚落成，我把这些图片作为重要参考，通读了一遍，脑子里渐渐有了一些形象的东西若隐若现。我把这些整理出来形成了两三个方案，拿给工程负责人确定了方案。我设计的是常见的中间三开间柱廊为入口，两侧两个小些的开间作为“实”的部分，形成庄重华丽的感觉。两侧“实”的部分动了不少脑筋，为了形成轻盈灵秀之感，我设计了两组镂空的华板，为了区别一般门楣，额枋也设计成镂空的，更觉清秀。华板设计我按当时的政治要求画了一个以五星、彩带、光芒组成的图案，工程负责人看后告诉我：室外的细部也要控制比例，不宜太纤细。最后决定稍加修改后用在室内大厅，做成木雕放在两组入口门楣部分作为装饰。我又针对外面的华板画了几个简洁粗犷一些的方案，后被确定下来。施工图则是几次请教结构工程师，弄清了梁柱关系才绘制完成的。初入设计之途，几经周折总算完成了任务，建成后我去看过，心里自然是美滋滋的。

与艺术家共同创作

二、停滞的年代（1965年—1971年）

1965年年初，当时的省建工厅抽调我，作为美工组长和省内各地抽调的十几个人一起，负责筹备在保定举办的“省工业展览会”建工馆的筹展工作。展览结束时，我又被留下来，筹备次年的展览。没想到这种“赶鸭子上架”的事一干就是一年半。值得庆幸的是，在随后的筹展工作中，为了落实参展内容，我去过不少单位，其中包括建材厂家，了解了他们的生产过程、产品研制思路等，补充了我在建材方面知识的不足，使日后的设计选材方面充实了很多，对材料了解更深入，选用更实际。

此后几年，是“文革”时期，设计院处于全面停产状态。直到1971年冬，我们从“插队落户”的沧县奉调回到石家庄重组设计院。

三、恢复生产，任务繁重（1972年—1993年）

1972年正值“文革”后期，经过短暂的恢复阶段，设计生产渐渐步入正轨。院里不断地交给我一些相对重要的项目，使我从中得到了锻炼。因此，这也是我技术上得以提高和锻炼发展的重要时期。下面通过一些设计项目略作介绍。

1974年我接受了当年的援外工程，也门共和国荷台达轧花榨油厂的设计。这是一项头绪繁多的设计，项目主管是商业部和全国供销合作总社，河北省棉麻公司负责轧花、剥绒工艺，陕西省粮油研究所负责榨油、炼油工艺，河北省电力设计院负责发电厂工艺，我们院负责土建总体，施工单位则是湖南常德建筑公司。因在境外施工，要求施工单位先期介入。作为“设总”，我需要多方联系，综合协调。技术方面主要是研究处理好热带沙漠气候条件下，通过控制通风面积，综合运用采光、通风、遮阳等手段使车间获得最大的采光与充分降温，以利于生产，并充分注意了除尘问题。由于解决了一系列我们并不熟悉的问题，项目建成后受到项目主管单位和受援国的赞赏。

1976 年省图书馆工程启动，我参与了方案设计。我设计的方案因借阅流线独立简捷，书刊流线明确，互不干扰，且体型灵活丰富而被选用。当年，曾在全国图书馆设计研讨会上交流，获得好评。

1982 年省建委抽调石家庄四家设计院共同组成石家庄客站设计组，运行约一年，未能取得预期效果，最终解散交我院设计。院里安排我任设计负责人。由于车站为铁道部投资，附设旅馆等计划投资单位一时间难以落实，铁道部与地方出现较大矛盾，设计批复困难。限于当时的技术条件，铁路部门不允许采用线上式客站，设计只能在线侧平式的范畴内寻求最短最佳的进出站流线方案。设计在艰难地缓慢推进，我们则尽可能地做好每一个细节。1986 年 11 月建成投入使用，获得社会的认可。

1984 年唐山市征集“唐山抗震纪念碑”方案，我的方案在 140 个方案中脱颖而出，被评为竞赛二等奖（一等奖空缺）并确定为实施方案。

1978—1987 年我参与了华北、西北两大区标办组织的《华北西北地区建筑构造通用图集 88J》的编制工作，是负责审核与审定工作的审定小组成员之一。由于内容翔实，实用性强，该书出版后全国反响较大。1990 年第一届全国优秀标准设计评选获金奖。之后，原班人马又承担了《建筑设计资料集》第二版 8、9、10 集的编辑工作，本人任编委。

四、在改革开放大潮中锻炼提高（1994 年以来）

随着改革开放的深入发展，设计人员开始走出办公室，走向改革开放的前沿城市。1994 年年初，我也随着分院的建立来到上海，组织生产、投标等活动。同时借助这一平台，加强了对外联系和交往，相互学习，相互借鉴，开阔了眼界，活跃了思路，提高了认识。此后将近 20 年的设计工作集中在如下的几个方面。

1994 年年初我来到上海分院负责技术工作。上海设计环境优越，竞争激烈。但是，机会是均等的。只要在设计理念的理性化以及设计技术的科学性方面下大力

现场指导

气，一定可以成功。举两个我们投标的例子。一个是黄浦新苑，这是一个用地环境条件较差的小区，北侧已建好的是一排高层住宅，必须保证日照，加上自身遮挡，日照问题按常规极难解决。我们反过来从北侧最不利点出发，求出可建范围，北侧正好近似一条弧线，顺势将住宅楼设计为弧板形，问题迎刃而解。项目建成后获 1999 年建设部科技示范小区优秀奖，上海首届优秀住宅评选住宅新技术奖。另一个项目是上海东方马戏娱乐城。我们充分分析了用地特点，合理组织较复杂的功能区域，构建了城市道路与马戏广场之间的秩序感，因而在高手如林的情况下中标，使分院在上海获得了极大的知名度。

1996 年，一次建设厅领导拿给我一份图纸——省艺术中心初设。我看后觉得问题不少，如实向厅领导作了汇报。省里决定重新设计。我们听取了文化厅关于演出要求的介绍，调整了舞台，满足了各种杂技演出的需求；调整了观众的观赏视角，改进了立面效果。项目建成后成为石家庄的重要标志性建筑。

1997 年我接受了昆明世博会河北园的设计任务。方案确定后，经过一年的奋战，河北园如期展出，获得大奖，这项园林设计也正好圆了我年轻时的一个梦想。在考大学时，除建筑学之外，我填写的第二志愿是“造园专业”，不想在 45 年后，在这个世博会的大舞台上实现了梦想。

这个园子的重要意义还在于：一是开了我院园林设计的先河，为我院环境景观设计打下了基础，拓宽了专业业务领域。此项目之后，我接着又完成了石家庄人民广场、唐山中心广场、石家庄阳光水岸、上海黄浦新苑等设计，以致景观设计也成了我的主业之一。二是我们完成了一次“工程总承包”的试点，省政府下达任务时明确由我院总承包，因此，资金、施工、选料、采购、工期均由我院一手承担，我们按期按质完成了任务。

2003 年为配合西柏坡纪念馆改陈，我们承担了纪念馆改扩建工程。通过改建进一步理顺了流线关系，增加了出口厅，使参观流线更为顺畅。立面造型则保持风格不变，维系了人们头脑中西柏坡纪念馆的固有形象。项目因改扩建速度快、效果好而被省领导肯定。此后几年我们又完成了一系列红色革命根据地的建馆建园任务，如晋察冀边区革命纪念馆及园区、晋冀鲁豫边区革命纪念馆、冉庄地道战纪念馆、西路军董振堂纪念馆、西柏坡廉政教育馆、蠡县历史陈列馆（含档案馆）等，为我省红色旅游及革命教育基地建设付出了辛勤的劳动。

1994 年全国一级注册建筑师考试试点工作在辽宁举行。我参加了阅卷评分工作。1995 年一级注册建筑师考试在全国展开，建设部抽调我到专家组，在武汉任组长主持河南、湖北、湖南、江西四省的“建筑设计与表达”的阅卷评分工作。我于 1996 年任全国二级注册建筑师考试命题专家组副组长；2004 年后任组长，负责每年全国二级注册建筑师考试的命题和评分指导工作；2016 年辞去组长职务，改任顾问。20 年来，我为我国注册建筑师制度的健康发展，考试工作的建立与公正持续地进行贡献了自己微薄的力量。

我的设计生涯大体如此。几十年来含辛茹苦，不曾叫苦，不曾喊累，皆因对专业的热爱而乐此不疲，皆因我与建筑的结缘，此之谓也！

几十年的建筑设计生涯之路，伴随着的是一条无尽的学习之路。首先是要传承，要向老一辈建筑师学习。走在这条路上，我首先想到的是北京院的傅义通老总，他为人和善，学识渊博。我们相识较早，他对我比较赏识，很多次我都得到他的举荐。从为人处世到设计观点的交流，使我受益匪浅。西北院黄克武大师，我们在编制《华北西北地区建筑构造通用图集 88J》时相处十年。老先生讲到技术问题，至情至理，深入浅出，分析透彻且耐心细致。我也耳濡目染，收获良多。其次，利用会议等机会虚心向院士、大师们学习。我曾借机和多位院士、大师交流，互相探讨，彼此都成了好朋友。再者，利用机会向兄弟院学习。譬如，我曾多次参加全国评优，报送的都是各院作品的精华。熟读这些设计，悟出其精华所在，武装自己，借以丰富自己的创作思维。当然，在讲求文化性的当下，更要对传统文化的丰富内容常怀敬畏之心，努力学习，丰富自身的文化认知，提高自己的文化修养。特别是在丰富多彩的日常生活面前，更要细致地体验生活，深入生活，发掘出生活中不曾被人重视的细节，提炼、提升作为我们设计的关键点，使设计更出众！让我们贴近生活，了解生活，愿今后设计更精彩，生活更美好！

在自己作品前

唐山抗震纪念碑及中心广场

建设地点：河北省唐山市

设计/竣工：1984年/1986年（纪念碑）
2004年/2006年（中心广场）

获奖情况：1949—2009经典300项中国建筑学会建筑创作大奖、2017年入选第二批中国20世纪建筑遗产

唐山抗震纪念碑蕴含着人们对这场灾难的痛切反思，对逝去亲人的哀思与缅怀，对未来美好生活的企盼与憧憬，获得了社会各界的认可。中心广场是在原抗震纪念碑广场及大钊公园基础上进行的环境改造工程。原纪念碑广场由南北、东西两条轴线建立起的纪念性空间氛围已根植于当地人心中，因此在改造中注意保留这一场所特征，并确立了在遵循广场南北轴线空间的基础上，以逐渐转换空间模式、文化内涵、景观要素等手段，在广场与公园间建立一个兼具广场及公园特征的过渡区域，最终实现了空间的融合。

唐山抗震纪念碑

泥河湾博物馆

建 设 地 点：河北省阳原县
建 筑 面 积：4 623 平方米
设计 / 竣工：2006 年 /2010 年
获 奖 情 况：2013 年度全国优秀工程勘察设计行业奖二等奖

泥河湾博物馆是一座展示石器时代考古发现的专题博物馆，具有顺畅舒适的观众参观流线，视野开阔的展示空间和宽敞温馨的观众休息空间。设计紧扣泥河湾文化主题，以建筑语言强化泥河湾文化的展示效果。外部造型以孕育和发展了泥河湾文化的广阔的桑干河两岸的山山水水作为建筑创作主题。曲折起伏、层层叠叠的造型代表了那里独特的地貌景观。

河北建设服务中心

建设地点：河北省石家庄市
建筑面积：22 200 平方米
设计/竣工：2007 年/2008 年
获奖情况：2009 年度全国优秀工程勘察设计行业奖二等奖、国家可再生能源与建筑集成技术示范工程奖

本工程为河北省住房和城乡建设厅办公楼，整体采用了适宜的节能技术。设计以庭院空间组织建筑功能，休憩交往和展示空间的设置体现了现代办公建筑的人性化特点。以“粗材细作”为宗旨的设计和建造，符合当下建筑创作方向。

河北艺术中心

建设地点：河北省石家庄市
建筑面积：32 059 平方米
设计 / 竣工：1997 年 / 1999 年
获奖情况：2002 年度全国优秀工程勘察设计行业奖二等奖、国家第十届优秀工程设计铜质奖

河北艺术中心是一座集 2 800 座位的多功能演出厅与 980 座位的音乐厅为一体的观演建筑。多功能演出厅以供杂技演出需要为主体功能，兼顾大型歌舞、戏剧等演出使用，设有多种移动式舞台及升降乐池。音乐厅设有控制混响时间的可调装置。建筑造型气势恢宏，优美的曲面充满张力。

石家庄人民广场

建设地点：河北省石家庄市
建筑面积：15.3 万平方米
设计/竣工：2000 年/ 2002 年
获奖情况：2006 年度全国优秀工程勘察设计行业奖三等奖

石家庄人民广场位于石家庄市中心区，南侧隔中山路为市政府，北侧为石家庄市最早的公园——长安公园。设计根据地段特征，确立了“场中有园，园中有场”的设计思想，充分保留场地原有树木和地貌特征，增强空间节点的场所感。

石家庄铁路客站

建设地点：河北省石家庄市
建筑面积：24 600 平方米
设计 / 竣工：1983 年 / 1986 年
获奖情况：1988 年度河北省优秀工程勘察设计一等奖

石家庄铁路客站为特级站，按线侧平式站房设计，进出站跨线方式为地道跨线。为方便旅客乘降，普通候车室及软席候车室均设在一层，普通候车室又按出行方向及人员聚集规律分为北行、南行、东西行三个候车室，流线清晰顺畅。车站同时设有为旅客服务的旅馆、餐厅、影视厅等。站前广场交通组织合理流畅。站舍外观体量宏大，钟楼高耸，具有较强的地标性。

西柏坡纪念馆改扩建工程

建 设 地 点：河北省平山县
建 筑 面 积：6 125 平方米
设计 / 竣工：2003 年 / 2003 年
获 奖 情 况：2005 年度河北省优秀工程勘察设计一等奖、中国勘察设计协会国庆六十周年建筑设计大奖

西柏坡纪念馆设计于 1976 年，本次改造扩建将传统院落式纪念馆全面改建成为符合现代展出条件的全新纪念馆。设计密切配合陈展要求改建，保证了展出的最佳效果；进一步理顺了展出流线，做到了进出馆人流的分流，满足了现代陈展手段的需要。本工程在满足现阶段功能要求的情况下，保留和丰富了原有建筑形象，在建筑空间组织及继承与创新方面做了有益的探索。

’99 昆明世界园艺博览会河北展园—— 燕赵紫翠园

建设地点：云南省昆明市
建筑面积：1 368 平方米
设计/竣工：1997 年 / 1999 年
获奖情况：’99 昆明世界园艺博览会长期展出庭园大奖、室外庭园设计金奖

燕赵紫翠园为’99 昆明世界园艺博览会河北展园。该园以承德避暑山庄澄湖及水流云在亭、热河泉、流杯亭（台基）组成主景区，展示燕文化。以赵县陀罗尼经幢及花柱组成入口景区，展示赵文化。园区景色优美，空间丰富，文化底蕴深厚。“紫翠”一词源自昆明“一碧万顷楼”词，意为华丽焕彩的楼台，用以形容河北园景色，象征河北、云南友谊长存。

上海黄浦新苑

建设地点：上海市黄浦区
建筑面积：18.3 万平方米
设计 / 竣工：1996 年 /1998 年
获奖情况：1997 年度河北省优秀城乡规划设计一等奖、1999 年国家小康住宅示范小区优秀奖

黄浦新苑地处上海市黄浦区西藏南路丽园路，为上海市棚户区改造项目，总建筑面积 18.3 万平方米，由 23~24 层高层住宅组成。本工程较好地解决了高容积率情况下的住宅舒适度和较好的环境问题。

晋冀鲁豫边区革命纪念馆

建设地点：河北省武安市
建筑面积：1 860 平方米
设计 / 竣工：2006 年 /2010 年

这是一座建在山村里的纪念建筑，青砖瓦顶，院落组合，深深地融入了山村固有的肌理。顺畅的流线，自然光的合理运用都彰显设计的人性化特点。山乡特色的广场铺装与浓郁的绿荫，更为山村增添了生态的氛围。

冉庄地道战纪念馆

建设地点：河北省青苑县
建筑面积：3 261 平方米
设计 / 竣工：2008 年 /2009 年

冉庄地道战纪念馆充分利用地形特点，构成序厅、仿地道空间、陈列空间的地道主题氛围，突出了展示效果。在建筑形体塑造方面，以深度发掘地方建筑文化特色为根基，强调建筑的地域特征，描写地道战的民间背景，以建筑语言讴歌了人民战争的伟大主题。

郭卫兵

1989年毕业于天津大学建筑系，获工程硕士学位。国家一级注册建筑师。现任河北建筑设计研究院有限责任公司副院长、总建筑师。先后荣获河北省建设系统劳动模范、第七届河北青年科技奖、河北省建筑行业新中国60周年最具影响力人物、河北省有突出贡献中青年专家、河北省工程勘察设计大师、中国当代百名建筑师、河北省劳动模范等奖项和荣誉称号。

社会任职

任中国建筑学会理事，河北省土木建筑学会建筑师分会理事长，国家行业优秀设计评选专家，石家庄市第十三届人民代表大会咨询委员会委员，多所大学特聘教授及研究生校外导师。

主持工程情况及荣誉

主持设计的项目有20余项获得河北省优秀设计一等奖，其中9项荣获全国优秀工程勘察设计行业奖。代表作品有河北省博物院、河北省图书馆改扩建工程、磁州窑博物馆、定州中山博物馆、石家庄大剧院等文化类项目，获得了建筑界的广泛好评。

组织学术交流

有较强的社会责任感，先后策划和主持了“河北——新建筑论坛”“保障房建筑设计论坛”“中国当代建筑展石家庄首展”“建筑的力量学术论坛”“文化遗产与建筑创新”“人民的建筑”“媒体的力量——让建筑更美好”等大型论坛，为提高建筑界学术氛围，加强对外学术交流做出了贡献。

单位评价

总建筑师郭卫兵先生大学毕业后到我单位工作至今，深耕于河北地域建筑文化，他的作品体现了较强的河北本土文化特征，同时结合工作，在理论层面试图建立河北地域建筑创作的途径。本书收录的项目均为郭卫兵先生倾心力作，体现着他对建筑创作的热情和希望。

郭卫兵 ○

原点

原点作为起初的数学用语被视为数轴的基点和坐标中心，它象征事物的出发点、根本点，象征事物的初始状态、原生状态，也象征着事物的均等状态、中庸状态。正是因为原点具有的这些象征，它也被赋予了与人生轨迹相关联的、充满诗性的意义。正如歌中唱道：我们经历了那么多考验，最后还是回到了原点……直到能若无其事地聊起从前……

从家乡出发

急匆匆赶到站台上时雨终于停了，我忘记在这个县城小站上是怎样与母亲告别的了，母亲常常回忆说，那天的雨真大。遗憾的是父亲未能见证我一生中最初、最重要的远行。多年以后的今天，当我有了与孩子送别的情感体验后更感到后悔不已。其实高考后的假期多数时间是住在市里，而临近大学开学时我回到了农村老家，也许是因为在那里有许多人需要告别。因此，这次远行是从家乡出发。上学后不久，父亲借出差机会绕道天津去学校看望我，给我买了几本专业参考书、写生用的画夹，带我吃了一顿价格不菲的晚餐。我想这是父亲以另外一种方式送我出发，虽然少了站台上绿旗后的挥别。曾经少年轻别离，也许那时我眼睛里看到的大多是眼前的新鲜，憧憬的仿佛是触手可及的未来。天津大学，为我展现出一幅绚丽多彩的画卷。

报考天津大学建筑学是父亲的主意，他大学学的是土木工程专业，看到建筑系的同学们思想活跃、追求艺术而十分羡慕，所以我也算实现了他长久以来的梦想。美丽的天津大学校园给我上了第一堂建筑课，古朴的建筑、清澈的湖水和阳光下画出一道彩虹的喷泉相映成趣，年轻的心里充满欢乐。当我走进建筑系教学楼，走廊橱窗里陈列着的学生美术作品、课程设计和大学生竞赛获奖作品让我目瞪口呆。很多学长、校友写过关于天津大学建筑系的回忆文章，造诣深厚的师长、才华横溢的同学和专业教室里彻夜点亮的灯光，是我们共同拥有的美好记忆。

就在我刚上大学准备跨入建筑设计门槛的这一年，母亲却亲身实践了一次建造活动。那时家乡的人们富裕了一些，生活开始发生一些变化，于是开始规划原本有些弯曲狭窄的街道。我还记得几个人用平板仪在街上比比划划的情景。因为我老家的房子临着主要街道，街道被调直加宽后院子几乎没有了。虽然那时我们已经在石家庄安了家，但母亲坚持调换一块新宅基地盖一处新房。尽管回去居住的可能性几乎没有，且那时家里也不富裕，要把房子盖起来还需借钱，但母亲的主意是那么坚定。那时在农村盖房子的具体工作是靠乡亲们帮忙完成的，我们家在村子里没有多少亲戚，母亲能咬牙把房子建起来是件了不起的事情。母亲有时会给我讲起过程的艰辛和人情冷暖，我也铭记在心。所以，凡是请我帮忙设计一下自家宅院的乡亲，我一定会认真对待，我以建造的方式去回报乡亲们，延续着这份乡情。近两年，我和我的团队无偿设计过贫困农村小学、村民活动中心等，心里常常唤起最真实的回忆。

外面的世界

大学毕业后我回到石家庄工作，同其他同学比起来这是一个比较保守的选择，但一家人团聚也是很自然的事情。刚毕业时，我赶上国家经济宏观调控，工作量和难度都不大，在天津大学打下的较好基本功很快派上用场，领导重视，同事认可，我很快成为单位的年轻主力，个人的生活轨迹就与工作单位、国家形势密切关联起来。

深圳 1990

毕业后不久，单位就派我去深圳华艺建筑设计公司配合我院总建筑师徐显棠先生工作。徐总当时代表我院与华艺设计公司合作，在深圳设计了大量高档别墅工程。徐总是我的老学长，他深厚的建筑设计功底和艺术修养令人敬佩，在他身边工作让我受益匪浅。记得有一天晚上，徐总加班设计一栋高级住宅的卫生间，看到他用仪器边画边改，我劝他画画草图我来用仪器帮他画出来，

在深圳华艺设计公司与同事合影

在北海分院工作

徐总轻轻说了句：这需要自己仔细推敲。他对待工作的认真态度给我留下深刻的印象。记得在深圳工作时有一项工作是在古建专家指导下绘制传统建筑立面（日本奈良中国文化城工程），由于在学校时经历过较严格的古建测绘实习，所以画起来比较得心应手，得到大家认可，工作起来比较顺利。深圳优美的环境、有品味的工程和较丰厚的收入，使我渐渐喜欢上了这座充满活力的年轻城市。

转眼几个月过去，春节临近了，深圳即将迎来返乡大潮，火车票十分难买，我在信中流露出不回家过年甚至想留在深圳发展的想法。一天，父亲的同事来深圳出差，顺便到公司看望我，交给我一封父亲写的信并嘱咐我回家过年。我含着眼泪读完父亲的信，心里十分愧疚，于是想办法买到一张只开到郑州的车票，那是家的方向。

回来后，母亲说有一天早晨看到父亲默默落泪，原来是夜里梦见南方水灾我被冲走了，父亲急忙穿好衣服赶到单位给我打电话。我也想起有一次刚上班就接到父亲来电，电话中只简单问候了几句，我当时也感到有些奇怪。原来父亲对我如此牵挂，我当时虽不完全理解，但也放弃了重返深圳的想法。

北海 1992

广西北海以其独特的地理位置拥有中国西南出海大通道之称。1992 年掀起了开发北部湾的热潮，许多设计院开始在北海设立分院，我作为我院首批到达北海的两个人之一，开始在那里开展业务。

拥挤的街道上满是来自全国各地的“淘金客”，人力三轮车与走私汽车争抢着道路，老街上到处是卖三元快餐的门店，宾馆里的陌生人会凑过来问你是否要土地、汽车等，空气中弥漫着的怪异气氛让我感到一丝兴奋和惶恐。初期的北海生活十分艰苦，但年轻的心里有一种创业的冲动，白天拜访客户或接待客人，晚上画一些为帮助客户拿土地而规划的总图或效果图，工作很快就有了些起色。

各行各业为开发北海而行动起来了，南昆铁路也修到了北海。我院有幸中标了北海火车站站房设计工作。这是一座集铁路客站、宾馆等功能于一体的高层建筑，功能和结构形式在当时也算复杂，我作为建筑专业负责人第一次经历系统的施工图设计训练。由于建筑尺度较大且主体为弧形平面，手工绘制十分不便，于是我们在图纸表达上想了不少办法，在较少工地服务的情况下顺利建造完成。北海迎来了历史上第一辆火车，可是时间不长，北海开发建设迅速降温，每天一班的火车也停运了，火车站仿佛一座无人的孤岛，广场上鸡鸭成群，耕牛悠闲地吃草，因此北海火车站曾被戏称为“史上最牛火车站”。

在北海的日子不仅因为种种唐突而令人难忘，最难忘的是我在北海患上了心肌炎，尽管北海医疗条件不好，但我为了瞒着父母还是留在那里住院治疗，二十多天后病情并未好转就返回家中。不久父母知道我患病而心疼不已，父亲又一次背着我落泪并责怪自已，因为他总是教育我为工作要不惜力气，而患心肌炎多和劳累有关。这是一段艰难的日子，半年多的时间里一直在家休息，我非常害怕不能再从事我喜欢的工作了。

上海 1997

上海这座充满活力的美丽都市是我结束“流浪”生涯的最后一站，经历了深圳的单纯、北海的磨炼，上海让我真正开始了一名建筑师的美好旅程。

1993 年，当我去北海工作的时候，我院同时在上海成立了分院，由起初的与当地设计院合作到独立闯市场，队伍迅速状大起来，有了自己的一片天空。设计院的员工轮流到上海分院工作，于是一帮外乡人每天出现在宿舍到办公楼这段不足二百米的街道，街边的小超市、快餐店、理发店一下子热闹起来。

由于身体的原因，直到 1997 年单位领导才委婉地征求我的意见是否能去上海工作一段时间，我犹豫着答应了。刚到上海，我跟随我院总建筑师李拱辰先生做一个大型高层居住区规划设计投标，由于日照限制和很高的容积率要求，工作难度很大。在几乎失去信心的时候李总画的一张草图指出了努力的方向，大家开始日夜奋战。最后我们提交的成果文本是其他设计单位文本厚度的两倍，当我们把成果送到开标会场时很多人脸上露出了一丝诧异。那天，尽管同事们十分疲惫，但还是穿戴整齐地出现在会场，共同等待那个成功的时刻，那一刻来临了。

在上海分院与李拱辰先生合影

由于我身体依然不太好，大家对我十分关照，每次去上海的时间并不长，完成一阶段工作就回家。1999 年是我在上海工作时间最长的一年，印象深刻的一次是我主持上海大学新校区特种实验中心投标。工程虽然不大但功能复杂，并且是在上海较少能够参与的公共建筑类投标，非常幸运的是我在买好车票即将离开上海时收到了中标通知。这对我十分重要，它带给我的不仅是喜悦，更让我重新找回了对职业的自信。

同事们的工作台上都摆放着家人的照片，繁重的工作和思乡的情绪交织出独特的企业氛围，每一个人都有一段动人的故事。有段时间，我给家打电话时父亲总会问我工作是否忙，如果不忙就回来，等等。从他平淡的语气中我当时并未听出什么异样，回来后才知道那段时间父亲被出租车撞倒且行走困难，父亲怕影响我的工作不让家人告诉我，只是在打电话时试探地询问却终开不了让我回家的口。

平安夜对都市人如此重要，傍晚通往机场的街上已是人来车往，我无心欣赏这迷人的夜色，仿佛有一种力量牵引着我快快回来。

寻找原点

结束了我职业生涯的流浪期，我褪去了青涩，经历了坎坷，收获了喜悦，更重要的是懂得了爱。回忆我在外面工作的这段时间里，全家人为我付出了很多，尤其是看似理智坚强的父亲，却因为对我的疼爱而几次落泪。此刻，我深深怀念我的父亲，是他帮我找到原点，在我心里，原点不只是数理上的概念，而是关于生命和文化的根源。

2000 年以后，我先后主持设计建成了石家庄人民广场、磁州窑博物馆、唐山中心广场、河北博物馆等一系列代表城市形象和具有本土文化表情的建筑和环境工程，开始有意识地追求河北建筑的地域性特征，寻找这片土地上的文化原点。

作为河北建筑师，面对悠久灿烂的传统文化和当下建筑创作的困境，我常常陷入矛盾之中，同时也渐渐发现河北本土文化中同样也存在着矛盾性。一方面，河北文化的地域性根植于燕赵文化，燕赵大地长期处于民族冲突的最前沿，因而表现出强烈的忧患意识和牺牲精神，在文化和艺术风格上形成了激越雄浑、质朴淳厚的气质。中国封建社会后期的政治中心都在河北，因此河北文化又体现着中国的“皇家血统”，在美学上呈现出经典美特征。另一方面，河北人民因长期战乱和封建思想的禁锢，形成了悲悯、隐忍的性格，生活在迷茫和困苦之中。由此可见，河北历史文化融合了经典瑰丽的宏大叙事和渴望变革的现实需求。站在人们对未来期盼的角度去回望传统，我仿佛觉得心头的矛盾慢慢化解，或者说体会到无论生活和工作都处在看似矛盾的两者之间的状态。在生活中，我们处在过去与未来之间、理想与现实之间，我们体会着迷惘与感悟、高贵与卑微、欣喜与哀愁。我们不得不权衡事情的利弊，有时努力争取，有时情愿放弃，在这样的过程中不断成长，慢慢地体会到“两者之间”是一种生活立场。在建筑设计工作中，我们处在前与后之间、新与旧之间、雅与俗之间、传统与现代之间、经典与时尚之间、继承与创新之间。因而，看似矛盾的事物其实是相互关联而非对立的。这不仅是关于原点在文化层面的思考，更是我对生活的感悟。

此刻，原本清晰的原点概念突然变得模糊了，在我心里它的诗意渐渐消失了，却似一条路铺展开来。

河北博物馆

建设地点：河北省石家庄市
建筑面积：33 100 平方米
设计/竣工：2006 年/2012 年
合作设计：清华大学建筑设计研究院
获奖情况：2013 年度全国优秀工程勘察设计行业奖一等奖

河北博物馆新馆位于现有旧馆的南侧，新、旧馆之间以中庭和下沉庭院相联系，建筑体量与旧馆相协调，以典雅大气的建筑形象，表现了对旧有建筑的尊重，同时也体现了河北地域文化特征。扩建后的河北博物馆，与周围的河北省图书馆、科技大厦形成一组重要的文化建筑群体。

河北博物馆

中山博物馆

建设地点：河北省定州市
建筑面积：25 600 平方米
设计/竣工：2014 年/2016 年
获奖情况：2017 年度全国优秀工程勘察设计行业奖一等奖

中山博物馆位于定州市中心区开元寺塔、贡院等国家级重点文物所在片区，以开元寺塔、贡院为参照点建立东西轴线及南北轴线，实现现代与传统之间的对话。

设计充分研究周边传统建筑的建构特点，运用台地、屋顶、叠涩、纹饰等形式语言，以现代建筑设计手法构建出尊重传统又彰显时代精神的建筑风貌。

定州是拥有优秀传统建筑技艺的地区，传统建筑呈现出中国建筑“经典美”特征。本项目以严谨、周正、大方的空间形态，探索具有本土特色的经典表情。

石家庄大剧院

建设地点：河北省石家庄市
建筑面积：52 740 万平方米
设计 / 竣工：2012 年 /2016 年
获奖情况：2018 年度河北省优秀工程勘察设计一等奖

石家庄大剧院是一座集剧院、多功能厅、戏曲艺术展厅、招待所、办公、餐厅、车库等功能于一体的综合演艺建筑。设计体现传统戏剧文化艺术的深厚底蕴，传承中国戏剧文化，体现“盛世和歌，金声玉振”的立意。中心剧院和多功能厅形似两块圆润的美玉，隐喻“珠联璧合”，流畅的曲线造型与开放式的生态公园环境相互辉映，建筑立面以虚与实、曲与直、深与浅的对比，构成简约的外部形态和细腻的表皮肌理，塑造了戏剧的“虚实相生”的城市舞台的空间效果。以流畅生动、极富乐感的建筑形体，创造出流动开阔的建筑空间与完整的建筑形态。

河北建筑设计研究院办公楼改建工程

建设地点：河北省石家庄市
改建面积：3 900 万平方米
设计 / 竣工：2013 年 /2014 年
获奖情况：2015 年度全国优秀工程勘察设计行业奖二等奖

本工程是一个持续改造的项目，20 年前，在 1974 年建设的 4 层砖混结构办公楼基础上建立一套与其相脱离的结构支撑体系，在其上方加建了 6 层办公楼。本次改建是将最初建设的 4 层办公楼拆除重建，并与首次改建部分在结构上形成统一整体。在立面设计中，将已拆除的旧建筑的建筑表情在新的框架体系内再现，同时增加新的元素，增加了建筑的时代感和艺术性。在室内空间设计中，满足功能需求的同时营造出丰富多彩的艺术氛围，以质朴自然的材料表达了建筑的真实性和文化特征。

HEBDI SPACE

HEBDI SPACE

正定新区石家庄政务办公大楼

建设地点：河北省石家庄市
建筑面积：386 800 平方米
设计 / 竣工：2010 年 /2015 年

本工程位于石家庄市正定新区，南临市民广场，北侧为周汉河及园博园，平面功能顺畅便捷，以中庭空间、庭院空间将室外自然光线引入，改善了超大体量办公楼办公空间的环境品质。建筑形象周正大方，简洁典雅。设计采用一系列适宜技术，旨在创造“低碳、生态、智慧”的绿色办公建筑。

中国磁州窑博物馆

建设地点：河北省磁县
建筑面积：5 062 平方米
设计/竣工：2004 年/2006 年
获奖情况：2009 年度全国优秀工程勘察设计行业奖三等奖

中国磁州窑博物馆以较大的面宽、大台阶引入二层平台主入口、多变的组合体量、不同形式的院落等手法划分和组织空间。建筑形象设计则是从磁州窑文化中提取可以作为建筑语言的形象符号，以精美细腻的细部设计表达了磁州窑艺术的装饰化特征，用现代设计手法创造出了具有当地特有文化内涵的展示建筑。

中加低碳节能技术交流中心

建设地点：河北省石家庄市
建筑面积：6 628 平方米
设计/竣工：2010 年/2011 年

本工程是加拿大卑诗省林业厅与河北省政府的合作项目，位于石家庄山前大道附近，地理位置优越，山峦叠嶂，林木葱茏。设计以良好的比例尺度和丰富的坡屋顶组合使建筑融入环境之中。同时，建筑师十分关注木结构的造型和构造，通过在入口雨棚、大堂、会议厅等处的承重木结构设计，展现出木结构的现代美。

河北联通办公楼

建设地点：河北省石家庄市
建筑面积：39 320 平方米
设计 / 竣工：2002 年 / 2007 年
获奖情况：2009 年度河北省优秀工程勘察设计一等奖

本工程基地呈不规则形状，北侧隔中山路为人民广场和长安公园。设计将这一基地特征作为主要出发点之一，使建成后的办公楼有尽可能多的办公室可以享用城市开放空间。9 层高的玻璃大厅在提升空间品质的同时，也彰显了企业形象。

秦皇岛档案馆

建设地点：河北省秦皇岛市
建筑面积：12 686 平方米
设计 / 竣工：2008 年 /2010 年

秦皇岛市档案馆工程主要功能为档案库、档案业务和技术用房、对外服务大厅、查询区、展览区、办公和辅助用房；平面功能紧凑，符合不规则的基地特征。竖向仿“竹简”造型的装饰混凝土挂板简约流畅，材料语言的合理运用构成了鲜明的建筑形象。

秦皇岛板厂峪游客服务中心

建设地点：河北省秦皇岛市
建筑面积：1 478 平方米
设计 / 竣工：2017 年 /2017 年

这是一座从方案设计到建成只用了 3 个月时间的特殊工程。项目整体满足了旅游接待区各人员流线的需求，合理布局各功能空间，同时主体建筑采用钢结构框架，满足了快速建设的需要，并通过建筑细部钢木结构的设计与周边环境合理融合。

设计中有机组织的 9 个伞状木构件源自对树木的隐喻，同时以理性建造的逻辑消解弱化了建筑的存在，满足快速建造的同时获得了良好的建筑品质，使建筑融入当地环境之中。“木伞”平台构筑出建筑的室外公共空间，营造了人与自然的亲近感。

石家庄平山县大陈庄怀恩小学

建 设 地 点：河北省平山县
建 筑 面 积：495 平方米
设计 / 竣工：2013 年 /2014 年

这是一所建在山村里的四班希望小学，由我院无偿设计。小学的四个班被分割成四个独立的教室单元，这些单元围绕中央庭院设置，每个单元中的房间都面向庭院，形成了房间—平台—庭院的关系，在私密空间与公共空间之间创造了多个层次的互动。这样的设计不仅尊重了学生的心理需求，也满足了他们日常活动的需要。同时该设计也为孩子们提供了具有现代审美取向的建筑形式，并在乡土与现代之间建立微妙的对比和关联。

廊坊大城县叶家庄文体活动中心

建设地点：河北省大城县
建筑面积：308平方米
设计/竣工：2014年/2015年

本项目充分尊重本土地域特色，旨在为村民提供亲切、开放、舒适的活动空间。设计通过对本土建筑形态符号——硬山屋顶——进行抽象提取，充分利用本地建筑材料——砖，采用传统四合院形态围合公共空间，用现代建筑语言进行转译表达。整体空间虚实结合，通过不同模数的简单建筑形态围合形成错落的内部庭院，同时利用镂空砖花外墙虚化内外空间界限，营造出积极的、可进入的活动空间氛围。

谷　岩

1966年出生于河北省石家庄市，1983年至1990年就读同济大学建筑学专业本科和硕士研究生，1990年至2018年在北方工程设计研究院工作，其中1995年获首批中华人民共和国一级注册建筑师资格，2003年获正高级工程师资格，2011年被评选为首批河北省工程勘察设计大师，2012年被评选为中国兵器科技带头人，2018年7月成立石家庄谷岩建筑设计事务所，担任总经理、总建筑师。

社会任职

先后担任过分院院长兼总建筑师、副所长、副部长、总建筑师等职务，还担任中国建筑学会资深会员、中国APEC建筑师、中国建筑学会工业建筑分会理事、河北省土木建筑学会理事、河北省工程勘察设计咨询协会建筑工作委员会副主任、河北省土木建筑学会建筑师分会理事、中华人民共和国住房和城乡建设部绿色建筑评价标识专家委员会委员、河北省绿色建筑产业技术研究院专家咨询委员会委员、河北省评标专家、河北省科学技术奖评委专家、河北省建筑信息模型学会常务理事、《河北勘察设计》杂志副主编、河北工业大学客座教授、石家庄铁道大学研究生导师、河北建筑工程学院研究生导师、河北工程技术学院特聘教授等社会职务。

主持工程情况及荣誉

作为项目负责人和专业负责人主持设计了大量重要民用和工业建筑项目，迄今已获得国家级、省部级优秀工程设计奖18项，其中三〇工程建设项目，获国家优秀工程设计金奖。

学术成果

出版过大量建筑专业论著、论文，除了建筑设计，擅长绘画，出版过画册，参加了数次全国建筑师书画作品展。

单位评价

谷岩具有良好的职业道德和强烈的社会责任感，被评选为河北省首批工程勘察设计大师。具有坚实的专业理论知识和丰富的建筑设计经验，对建筑专业关键技术和难点把握清楚，了解国内外发展动态，有创新理念和思维，在工程设计中取得卓越成就。担任项目负责人和专业负责人主持设计过多项国家级和省部级大型及重点工业和民用建筑项目，获得国家、省部级优秀工程勘察设计奖多项，业绩特别突出。在工程设计理论上有很高造诣，在国家级核心期刊发表过多篇学术论文，正式出版过建筑专业方面的论著，作为主要编制人参加了多部国家规范、国军标、河北省工程建设标准编制工作，是在本领域享有较高声誉的专业带头人。

大师自传

我 1966 年出生于河北省石家庄市，那年“文化大革命”刚开始，当时父母都在石家庄日报社工作，我父亲谷照恩是石家庄日报社美术编辑。他每天画画、摄影，工作相当忙。记得后来我看到自己出生那天父亲写的日记。大概内容是他听说生了个儿子，高兴地跑到医院看了一眼，然后就去继续加班，“抓革命、促生产”去了。那时候的日记总有一些表决心的话，我拿着发黄的日记本给母亲看，她说确实是那样。那个年代就是那么个情况，“革命”高于一切。

小时候留下的照片也带着那个时代的烙印。小学我就读河北师范大学附属小学，那时叫石家庄市东方红路小学。受“文革”影响，我们经常学工学农，去郊区捡麦穗，在校办工厂学工，还组织“批林批孔”，学习压力不大。在此期间由于长得浓眉大眼我还差点被省里武术队、杂技团、丝弦剧团等挑走。还好由于个头不太高，也不是很强壮，最后没被选上，否则命运会是另一种安排。因为父亲在报社每天要画插图，还创作年画、连环画，那时家里经常来一些他的画画朋友，会一起切磋，其中还有一些成名的大画家，像杜滋龄、梁岩、赵贵德等。我也在旁边接受熏陶，所以我从小就喜欢画画，幻想长大后当个画家。我二姑谷爱萍酷爱画画，我跟着她学习过写生，当时她虽已参加工作几年，但 1978 年“文革”结束后

全家福

学画画

在家看杜滋龄大师画画

恢复高考的第一年，她就考上了中央美术学院国画系。当时在河北省美术圈还是影响很大的。那时自己也很受鼓舞，小学阶段就开始在报纸、画报上发表一些作品。升入初中，我就读河北师范大学附属中学，由于会画画，被选为少先大队宣传委员，传说中的“三道杠”，管办板报。由于被赋予“三道杠”，我学习也就较以前认真了许多，没想到学习成绩又一下在年级名列前茅，初二时大队委改选，就被改选为少先大队学习委员。后来学习成绩一直很好。那时候学习真没有现在的孩子这么艰苦，当时学校除了正常上课还没有各种课外辅导班。假期生活也很丰富。记得暑假我跟二姑回老家画写生，一待就是半个多月，并没影响学习成绩。由于中学成绩好一直担任学习委员，以至于后来我想报考美术院校，班主任找家长谈话，说我成绩不错，考个好大学还是很有把握的，考美院属于艺考，其中的变数比较大，对于我来说还是正常高考比较好。听老师的话，在报考志愿的时候我选择了建筑学专业，当时听说这个专业跟美术相关，而且招生简章上还注明学生要有美术基础。1983 年，我们学校高中是最后一届两年制，虽然比三年制的复习时间相对短一年，我还是有幸考上了心目中理想的大学和专业——同济大学建筑学专业，开始了快乐的大学生活。

1983 年当时同济大学建筑学专业只有两个班，分为四年制和五年制，五年制是德语班，四年制是英语班。我们班简称八三建四班。那时候同济大学建筑学专业一届总共就60来个人，师资力量非常雄厚，冯纪忠、陈从周、

大学考察

研究生合影

戴复东、郑时龄、罗小未、卢济威、莫天伟、赵秀恒等教授还年富力强，亲自授课。记得一入学，莫天伟老师担任我们班班主任。虽然是大学老师，这些名师大都有建成的优秀建筑作品。如冯纪忠教授设计的方塔园在建筑、园林领域有很高的学术地位，他获得我国第一位美国建筑师协会荣誉院士。戴复东、郑时龄教授后来也分别当选了中国工程院院士、中国科学院院士，各种建筑杂志上经常会有他们的文章。大学教材也经常是他们自己编著的，如罗小未教授编著的《外国建筑史》，她曾走访世界各地，课讲得非常生动。能在这样名师云集、环境优美的学校读书，我非常开心快乐。后来我的大学同学吕品晶、苏晓毅、徐涛、陈兴涛选择继续在大学教书可能也是受这些名师影响。吕品晶还担任了中央美术学院副校长，建筑学院院长。那时候上大学不像现在，费用很低。那时我假期还经常画一些插图画册，能挣一些稿费，大学期间能自给自足，好像还过得比较富裕。我们出去写生实习的课程比较多，比如美术课写生，教我们班的美术老师是樊明体、刘克敏老师，水彩实习去的安徽歙县、黄山，素描实习去的苏州。建筑测绘实习去的周庄，那时候周庄没有旅游开发，还是个孤岛，进出都要坐船，交通不便，相对封闭，民风非常淳朴，古建筑保存良好。当时学校颇有远见，在原始状态下，利用学生实习测绘留下了比较完整的周庄古建筑资料。大家爬屋顶，上大梁，还真继承了梁思成、林徽因的遗风。实习的时间比较长，都是半个月或一个月的，住在当地的学校里。每个学期中还有一些建筑考察、调研，同学们在集体活动中，建立了深厚的同学情谊。毕业后大家在班长于静和梁寅的组织下直到现在还保持着过一段时间聚会的传统，一起回味大学时期快乐的集体生活。

大四那年大家开始关注考研还是就业，大部分人选择了考研，但当时高校研究生录取人数很少，尤其是对应届毕业生要求更高。我们班当年考上研究生的就吕品晶、刘胜阳和我，我们三个人还分到了一个宿舍。一起从西北一楼搬到西北三楼。研究生三个人一个宿舍，比本科生八个人一个宿舍条件好了不少。当时读研究生还给发津贴。我们可能是最后一批真正从小学到研究生享受到义务教育待遇的学生了，毕业后听说大学开始收学费和住宿费了。报考研究生时，当时招生简章上我报的研究方向注明是两位导师戴复东和张岫云，面试也是他俩一起面试的。后来主要是张岫云教授带我，当时戴先生是系主任，他父亲是抗日名将戴安澜，名气非常大，他的名字很是吸引考生，如今他的弟子桃李满天下，我也加入了戴先生弟子微信群。戴先生在学校常教育我们说就像生产电视机，从同济大学出去的学生就是名牌电视机，绝对要保证高质量。这是在鞭策我们在学校要学有所成，出去也别丢同济人的脸。而研究生阶段一直带我的张岫云教授，本科时就在设计小组专门教过我设计课，建筑学设计课要分成小组，每个小组有专门老师带，

谷　岩○

主要是设计作图题指导时间长，分成小组便于老师把每个同学辅导到位，这个方法一直延续。后来我受石家庄铁道大学建筑学院武勇院长邀请去铁道大学带设计课，也是分小组辅导。我的研究生导师张岫云是个慈祥和蔼的女老师，大家闺秀，她是原来苏州拙政园（补园）主人张履谦的玄孙女，后来编著了《补园旧事》《补园出岫》等关于拙政园的书籍。她早年留学前苏联，带我研究的方向是工业建筑设计。在校时我跟张老师结下深厚的师生情谊，因为她当时就只带我一个研究生，授课地点干脆就选在她同济新村的家里。全家人都对我很好，由于她出书我帮她画了些插图，给了不少钱，还给我买了辆崭新的永久牌自行车送到宿舍，这让其他同学羡慕不已。毕业时她给我论文打分全给的优秀，真是位让我永远难忘的好老师。研究生课程大都是人不多的小课堂，选修课程也很有趣。我还选修了陈从周教授的国画课。陈从周教授是园林学届泰斗级人物，当时年逾古稀，还带着民国遗风，他和梁思成、徐志摩都有很深的交往，亲自编写了《徐志摩年谱》，他的书法、国画都是非常地有名。他讲课诙谐幽默，用笔老辣潇洒。授课也是在同济新村他的家里，他家后院不大，种着几棵竹，他道宁可食无肉不可居无竹。他讲课非常有趣生动，让人受益匪浅。作为弟子我还获赠他的两幅字画，可以家传下去。整个 1987 级建筑、规划专业研究生一个大班有 40 位同学，但往届生和本科其他学校的居多，由于导师不同，又基本是小课堂，集体出游和实习相对少些。除了平时常在一起的几个人，毕业后也没有研究生全班同学聚会。听研究生阶段规划专业的好友温宗勇说好多同学都当了领导，毕业后遍布祖国各地。

1990 年研究生毕业，导师询问我的就业意向，我说父母想让我回石家庄。我那时候传统思想还挺重，认为父母在不远游，既然学成了就该回到父母身边，尽一下孝心。所以我决心一下，又回到了家乡，就业单位选择了北方设计研究院（兵器部六院）。当时主要考虑综合设计院可以同时承揽工业和民用建筑项目，能让我学有所用。

工作几年后，1995 年国家实行了注册建筑师考试，我报了一级注册建筑师的全部 9 门科目，而且一举通过了全部考试，全国一次通过 9 门执业考试的人非常少，全省就几个人，当时在院里和省里都引起轰动。党卫东副院长带着我作为建筑师代表在北京参加了领取注册证书仪式，成为全国首批注册建筑师。其实正是利用这个机会，我检验了自己从学校毕业后在设计单位的实践成果，证明自己的知识结构更加全面。因为注册建筑师 9 门科目笔答题涵盖了所有专业的基础知识，而作图题更是对建筑师图纸表现、规范标准、实践经验的一个综合考验。成为一级注册建筑师，才能有资格设计各种大型建筑工程。

工作后，我先后担任过北方设计研究院青岛分院院长兼总建筑师、北方设计研究院第一设计所副所长兼总建筑师、院质量部副部长兼院副总建筑师，2003 年被评为正高级工程师，2011 年被评选为首批河北省建筑大师，2012 年被评选为中国兵器科技带头人，还担任了中国建筑学会资深会员、中国 APEC 建筑师、中国建筑学会工业建筑分会理事、河北省土木建筑学会建筑师分会理事、中华人民共和国住房和城乡建设部绿色建筑评价标识专家委员会委员、河北省绿色建筑产业技术研究院专家咨询委员会委员、河北省科学技术奖评委专家、河北省建筑信息模型学会常务理事、《河北勘察设计》杂志副主编、河北工业大学客座教授、石家庄铁道大学研究生导师、河北建筑工程学院研究生导师、河北工程技术学院特聘教授等社会职务。

工作后基本担任技术职务。在近 30 年的职业生涯中，担任项目负责人和专业负责人主持承担了大量国家级和省部级大型及重点民用、军工建筑工程及其他建筑设计任务，有些在建设规模、方案设计理念、关键技术和技术经济指标方面达到国内同行业先进水平。获得国家级、省部级优秀工程勘察设计奖 18 项。其中三〇工程建设项目获国家第十一届优秀工程设计金奖。我还作为河北省建筑设计的方案评审专家和河北省建筑工程施工图审查专家审查了很多重大工程，其中包括当时河北省建筑面积最大、建筑高度最高的建筑，如石家庄先天下广场、勒泰中心、河北开元环球中心等项目的施工图审查。

在主持设计的重大工业和民用工程建筑设计中，充分发挥自身专业技术和建筑创新能力，在消化、吸收、应用和推广国内外先进技术，解决重大技术难题方面成效显著，表现出了具有承担并主持省部级及以上重点建筑工程设计项目的能力，具有解决其中复杂和关键专业技术问题的能力，具有方案优化及各专业协调能力和具有对重大项目进行审查把关的能力。在工程设计理论上有较高造诣，作为第一作者和第二作者在国家级核心期刊发表过多篇学术论文，正式出版过建筑专业方面的论著，作为主要编制人参加了多部国家规范、国军标、河北省工程建设标准编制工作，在省内外产生了较大影响。

近年来除了建筑设计，由于擅长绘画，我参加了数次全国建筑师书画作品展。生活和工作中有很多人觉得我的气质有点像搞艺术的，其实多年的感悟，建筑设计就是艺术和技术的结合。很多建筑师都是艺术家，如米开朗琪罗和柯布西耶等既是建筑大师又是艺术大师。建筑专业学生首先要学美术，说明建筑和艺术本身就是相通的，包括一些手法和派别，建筑设计手法和术语经常用到的点线面、虚实结合、图底关系、透视角度、色彩阴影等就是绘画术语。艺术界有野兽派、解构派，建筑界也有粗野主义建筑、解构主义建筑等。我们也经常会看到身边的建筑师手拿画笔尽情挥洒，画出一张张帅气草图、一幅幅优美画卷。所以幼时练就的绘画方面的童子功在我建筑师的职业生涯中起了很好的推动作用。

其实被评为河北省工程勘察设计大师，在职业生涯获得一些肯定，也是把握住了一些机遇。改革开放后我国建筑行业和城市建设的快速发展，为建筑师提供了很多机遇和施展才华的舞台。我正是抓住机遇，设计了大量作品，得到了很多奖项，才逐渐成长为建筑大师。记得 211 所三〇工程保障条件项目科研主楼是为国家三代主战坦克研制提供保障条件而建设的国家重点项目。当时作为建筑专业负责人参加项目设计时，工艺专业老总刘恕春就说，大家好好干呀，这可是个拿国家金奖的项目。大家设计非常用心。果然项目竣工后获得了优秀工程设计部级一等奖，国家第十一届优秀工程设计金奖。

建筑师是个比较辛苦的职业，建筑创作是个复杂艰苦的过程，建筑功能多样，建筑环境各异，建筑的造型多姿多彩。在环境分析、交通组织和空间追求的基础上，再选用一定的建筑语言表达较为贴切的艺术风格，描述时代特征和地区特色，合理塑造建筑造型。“不积硅步无以至千里”，我被评为河北省工程勘察设计大师，是在众多良师益友的帮助下通过点点滴滴的努力成长起来的。下一步要迎接新挑战，随着时代发展，新技术、新材料、新结构的不断涌现，催生了新的设计理念，没有一成不变的社会和工作环境，随着社会的发展和工作环境的变化，要不断地学习和进步。天行健，君子以自强不息。地势坤，君子以厚德载物。

中国兵器工业第 211 研究所三〇工程保障条件项目

建设地点：云南省昆明市
建筑面积：15 279 平方米
设计/竣工：1994 年/1997 年
获奖情况：国家第十一届优秀工程设计金奖

本人担任该项目建筑专业负责人。该项目是为我国三代主战坦克研制提供保障条件而建设的国家重点项目，其中第 211 研究所三〇工程保障条件项目科研主楼建筑面积 15 279 平方米，布置了 6 个重点实验室，工艺要求复杂，需要设置大面积的洁净实验室，布置各种配套设备、动力用房。通过多次调研，收集资料，反复比较方案，我们确定的建筑方案解决了振动、噪声、污染、洁净生产、防火防爆等主要技术难题，满足了各种特殊的工艺要求，建筑立面造型采用现代建筑风格，简约大方，项目建成后各项技术平达到国内外领先水平。

中国兵器昆明光电子产业基地

建设地点：云南省昆明市
建筑面积：80 000 平方米
设计/竣工：2005 年/2006 年
获奖情况：第四届全国工业建筑优秀设计二等奖

本人担任该项目建筑专业负责人。中国兵器昆明光电子产业基地是国家高科技重点工程项目。设计遵循现代建筑设计理念，构建开放和连续的空间形象；厂区集中的建筑布局，塑造了艺术化的实用工业建筑，创造优美的环境和良好的城市景观；注重工房的标准化、模数化设计，实现分期建设的步骤和持续发展的目标；营造适于交流的人性化的建筑内外空间；遵循"实用、精致、精确"的原则，设计中选用高科技技术和高质量材料；在追求最佳效益、技术进步的同时，尊重现有环境，注重节地、节能、节水、节材保护生态环境，努力建设一个环境清新舒适、生产便捷高效、具有现代理念的绿色高技术产业基地。建成后建筑物气度恢宏，造型壮观，细部精美，形成了特色鲜明、统一完整的建筑风格，成为城市及开发区地标性建筑，树立了精品工程。

中国兵器北京光电信息技术产业园

建 设 地 点：北京亦庄经济技术开发区
建 筑 面 积：75 500 平方米
设计 / 竣工：2007 年 /2009 年
获 奖 情 况：第三届全国工业建筑优秀设计二等奖

本人担任建筑专业负责人。项目以集中式的手法设计为联合厂房，并以连廊连成整体，突出了工艺集成、节能节地、美观大方的特点。建设了四大产品生产线及相关实验室，满足国家历年批复的各产品的生产能力及产品研发试验条件。体现以人为本的设计理念，考虑企业可持续发展的要求，设计满足现有工艺生产要求，同时适应今后技术发展变化；采用有效节能和环保措施，注重建筑的使用功能和生态特质；综合考虑工艺生产要求、经济性、灵活性及未来发展改造的便利性，以一条 12 米宽的钢结构连廊将建筑物联系起来，既满足了工艺安全需要，又使建筑物形同一体，联系紧密，创造了独特空间；大型洁净厂房的平面和空间设计，满足了生产工艺和空气洁净度等级要求，洁净区、人员净化、物料净化和其他辅助用房分区布置；同时考虑生产操作、工艺设备安装和维修、管线布置、气流流型以及净化空调系统各种技术设施的综合协调。立面造型设计主要突出两点，一是突出表现现代工业建筑和高新科技之美；二是建筑物群体的统一协调以及与周边环境的和谐共存。

中国兵器工业信息化产业基地项目

建设地点：南京江宁开发区
建筑面积：218 245 平方米
设计 / 竣工：2006 年 /2008 年
获奖情况：第三届全国工业建筑优秀设计一等奖

本人担任主要设计人。该基地的形状呈不规则的梯形，在平面布局中首先设计了两块分别与东西地界平行的矩形，二者相对布置，自然形成向南的梯形开敞空间。之后再以一个垂直南侧道路的矩形插入到梯形的宽边中，既与东、西两个地块共同围合现有水塘，形成基地的核心空间，同时相互间又空出了西侧蜿蜒曲折的水面和东侧楔形的绿地，成为联系基地同城市环境之间的生态廊道，从而勾勒出场地形状的特征，展现出现代科技园区简洁、清晰、开放的空间意象。工业建筑功能性强，以平直方正、朴实、简洁的建筑造型，精致细腻的构件共同造就一组现代主义的工业建筑。建筑造型设计充分再现了南京大气与雅致的城市气质。立面大量使用水平向延展的线条，运用金属面板、玻璃和钢等现代材料与局部的石材形成了对比，产生了独特的韵律，展现了企业高科技的性质和儒雅的文化气质。局部点缀的特定的蓝色，体现兵器工业的特征。

重庆宗申摩托车项目

建设地点：重庆市巴南区花溪镇炒油场宗申工业园
建筑面积：150 000 平方米
设计／竣工：1999 年／2002 年

本人担任建筑专业负责人。宗申摩托车项目由多栋厂房和总部大楼组合，其中总部大楼是北方设计院与国际生态建筑大师杨经文先生合作的成果。工业建筑的发展必须走节能与绿色发展的道路。生态建筑的宗旨是在建筑物的生命周期内，努力做到绿色节能、降耗、循环利用，并抑制有害物质排放，使建筑与地区的气候、传统、文化以及周边环境相协调，打造经得起时间考验、历久不衰的高品质建筑物。宗申摩托车发动机厂房项目以精益生产理念彻底改变传统的摩托车发动机装配工艺，以节能、生态设计思想发展建筑实用技术，以工业设计手段提高建筑艺术的水平，实现工艺革新与建筑创新的双突破。

重庆建设机械有限公司（国营 296 厂）重庆市花溪工业园区异地迁建工程

建设地点：重庆市
建筑面积：500 000 平方米
设计/竣工：2007 年/2009 年
获奖情况：第四届全国工业建筑优秀设计三等奖

本人担任建筑专业负责人。该项目为工厂整体搬迁项目，总体布局注重节约用地，积极采用大型联合厂房，在多栋大型厂房内布置整个产品生产线，减少道路、场地占地面积，使各工艺环节更紧密，合理布置天井庭院，解决自然通风采光，形成职工休息场所；根据生态理论，重视环境景观设计与建筑设计有机结合，满足生产需要和工艺流线的同时，保证良好的绿化生态环境；系统运用节能技术，全面建设节约型环保型的企业，简洁大方的建筑立面造型塑造出现代化的大型企业形象。

791厂移地建设项目

建设地点：重庆市
建筑面积：90 433平方米
设计/竣工：2002年/2004年
获奖情况：2008年度优秀工程设计部级一等奖

本人担任建筑专业负责人。该项目为大型军工厂移地建设项目，建成大型火工品生产基地。火工品生产有特殊的技术要求，生产工艺复杂，生产厂房火灾危险性很大，安全问题尤为重要，既需合理解决好产品工艺要求，安全间距、疏散路线、防火防爆等技术问题，又要创造出优美的工作和生活环境。总体布局合理分区，生活、管理区和危险品区严格分区，保证安全间距，建筑形象舒展简洁，采用先进适用的建筑技术和建筑材料，体现出现代工业建筑的特色。

长春东光集团高新区出口基地建设项目

建设地点：吉林省长春市
建筑面积：147 056 平方米
设计/竣工：2006 年/2008 年
获奖情况：第四届全国工业建筑优秀设计三等奖

本人担任建筑专业审定人。项目以长春东光集团整体搬迁为契机，建设汽车传动系统和航拍相机研发中心，建成与国际先进技术和市场接轨，能为多品种汽车提供多种汽车零部件的生产基地。总体布局合理，各功能区相对独立又统一协调，对内、对外空间完整，形象均衡。设计强调与城市的互动和谐。齐整划一的沿街厂房、礼仪性的大门广场、沿地界的绿化带，对城市传递出和谐共处、理解与尊重。建筑设计在满足工艺生产要求的同时，注重建筑的功能和生态设计，采取有效的节能和环保措施。集中布局，节约用地，体现可持续发展的原则，为二期建设预留发展空间，满足了企业可持续发展的需求。

江苏曙光光电有限责任公司（5308厂）科技综合楼

建设地点：江苏省扬州市
建筑面积：25 000 平方米
设计/竣工：2008 年/2010 年
获奖情况：2014 年度部级优秀设计二等奖

本人担任建筑专业审定人。江苏曙光光电有限责任公司在光电产品等方面的快速发展源于对科技的重视及对特色的追求。因此对于科技综合楼的设计，从一开始业主就强调了建筑要展现对光电企业形象的关注。科技综合楼项目主要用途为实验室、研究室、管理及办公用品用房、资料及档案室、会议室、动力设备用房、地下车库等。地上 1 ~ 15 层采用一个方形的体量和一个椭圆形体量的一半咬合的形状，形式活泼而富有动感。16 ~ 20 层只有方形的体量拔起，从空间造型上曲面和立方体结合，变化较为丰富。裙房 4 层，由一个椭圆形和长方形组成。这样形成与场地环境结合比较密切的布局。主楼立面为透明与半透明玻璃幕墙以及金属装饰构件，主楼大厅突出金属和玻璃对比。在阳光之下，立面光影变化丰富，金属光泽灼灼闪烁。通过形体、材料的运用，项目能充分展现现代光电企业的形象。

中国兵器

康泰广场

建设地点：河北省石家庄市
建筑面积：77 650 平方米
设计/竣工：2000 年/2002 年
获奖情况：2004 年度部级优秀设计一等奖

本人担任项目负责人。该项目地下 2 层，地上 24 层，建筑高度 98.6 米，工程投资 2 亿元，是石家庄交通干道中山路和旧火车站周边的标志性大型综合公共建筑，地理位置显要，商贾云集。裙房 6 层布置了商业、餐饮、回迁等功能，主楼标准层主要功能是酒店、办公式公寓等。总平面用地节约、紧凑，合理布置停车区和绿化区，建筑平面功能布局、交通组织合理，结构选型、设备材料等都经过反复技术比选，做到节地、节材、节能、节水，还达到了境外业主的高标准设计要求。立面造型、建筑色彩简洁大方，既与周边城市环境、建筑相融合，又形成自己独特的建筑风格。

深圳嘉宾广场（爵士大厦）

建设地点：广东省深圳市
建筑面积：93 202 平方米
设计/竣工：1997 年/2000 年
获奖情况：2004 年度部级优秀设计二等奖

本人担任主要设计人。此项目是我在深圳分院工作期间深圳分院承揽的大型综合公共建筑，位于深圳市中心城区，地理位置十分重要，建筑功能复杂，建设标准高，地下 2 层，地上 27 层，建筑高度 99.9 米，含商业、酒店、餐饮、办公等功能，平面功能、交通组织合理，节地、节能、节材、节水，无障碍设施齐全，立面造型考虑了与周边环境、建筑色彩的协调，采用先进的建筑技术和材料，建筑选材高雅、造型优美，别具特色。

石家庄市公安局指挥调度中心

建设地点：河北省石家庄市
建筑面积：34 000 平方米
设计 / 竣工：2005 年 /2006 年
获奖情况：2008 年度河北省优秀工程勘察设计二等奖

本人担任项目负责人。该项目是石家庄市重点建设工程，位于城市主干道槐安路南侧，承担着重要的公安指挥调度功能，地下 2 层，地上 18 层，建筑高度 80.3 米，包括指挥调度大厅、地下车库、训练场、公安业务用房等，使用功能重要、复杂，有特殊的建筑工艺技术要求，建筑造型采用现代风格，对称布局，气势庄严宏伟，体现出大型公安指挥调度建筑的特点。

石家庄市第三医院门诊病房综合楼

建设地点：河北省石家庄市
建筑面积：62 000 平方米
设计 / 竣工：2004 年 /2006 年

本人担任项目负责人。该项目为大型综合医院项目，设有骨科、心血管内科、神经科、呼吸内科等特色科室，配套齐全，地下 2 层，地上 20 层，建筑高度 83.9 米。设计采用先进的现代医院建筑设计理念，医疗工艺和建筑技术综合并重，追求创新与质量。合理组织医院内外流线，采用高效节能、绿色环保的建筑设备和材料，无障碍设施齐全，体现了以人为本的设计理念。建筑造型采用现代风格，比例得当，色彩协调，简洁大方，富有医疗建筑特色。

石家庄市第五医院（传染病医院）病房楼

建设地点：河北省石家庄市
建筑面积：20 000 平方米
设计 / 竣工：2005 年 /2008 年
获奖情况：2011 年度河北省优秀工程勘察设计一等奖

本人担任项目负责人。该项目地下 2 层，地上 11 层，建筑高度 45.6 米，是治疗烈性传染病和防止其传播的大型公共医疗建筑。项目有防止交叉感染的特殊设计要求，内含洁净手术室、传染病房、传染病护理单元等，平面上分区合理、洁污流线分流，可以避免交叉感染。立面采用现代建筑风格，追求韵律和节奏，色彩协调，风格独特。

河北省胸科医院 3 号建筑物（病房楼）

建设地点：河北省石家庄市
建筑面积：21 205 平方米
设计 / 竣工：2006 年 /2008 年
获奖情况：2011 年度河北省优秀工程勘察设计二等奖

本人担任项目负责人。项目地下 1 层，地上 9 层，建筑高度 39.75 米。河北省胸科医院 3 号病房楼是石家庄旧有大型医院扩建工程，与门诊楼毗邻。由于每天门诊量很大，项目建设考虑了病房楼施工建设不应影响医院正常营业。病房楼与二期门诊楼有机联系在一起，布局紧凑，交通便捷，采光通风良好。设计体现以人为本的理念，做到方便病人、方便医务人员、提高工作效率。立面风格也和原有院区建筑保持了协调统一。

石家庄市第四医院（妇产医院）门诊综合楼

建 设 地 点：河北省石家庄市
建 筑 面 积：16 046 平方米
设计 / 竣工：2001 年 /2003 年
获 奖 情 况：2006 年度部级优秀设计三等奖

本人担任项目负责人。该项目地下 2 层，地上 12 层，建筑高度 48.5 米，在中山路一侧，毗邻石家庄市政府大楼，位置十分显要。项目用地紧凑，设计合理布置了人流、车流线路。妇产医院是有特殊使用功能的专科医院，建筑分区明确，流线合理，满足了孕产妇和新生儿的使用需求，同时考虑了病人和医护人员的需求，充分体现了以人为本的设计理念。立面采用隐喻的象征手法，利用材料的对比变化，表达双手托起祖国“小太阳”的寓意，建筑造型特点鲜明、独特。

邯郸市中心医院

建设地点：河北省邯郸市
建筑面积：138 000 平方米
设计 / 竣工：2010 年 /2014 年

本人担任项目审定人。邯郸市中心医院为冀南较大的一所集医疗、科研、教学、预防保健及康复为一体的大型三级甲等综合医院。项目主要具有以下特点：功能分区科学合理；洁污路线清楚分明，能减少和避免各种交叉感染；建筑布局紧凑合理不松散；院区道路交通便捷，并留有足够公用场地；各个科室布置适宜，管理使用方便，建筑内外部空间灵活；立面造型高低错落、简洁大气，建筑色彩明快统一，具有显著的医疗建筑特点。

建筑绘画作品

孙兆杰

江苏东海人，1962 年 7 月 2 日出生于山东省郯城县，1979 年 7 月毕业于郯城县二中，1983 年 7 月毕业于合肥工业大学建筑学专业，1983 年 8 月进入中国第五机械部第六设计院（现中国兵器北方工程设计研究院有限公司）工作至今。

社会任职

历任行政职务：副组长、组长、副主任、副所长、所长、院长助理、副院长、常务副院长、总经理（党委副书记、董事）；技术职务：所总建筑师、院总建筑师、院首席总建筑师、公司首席总建筑师；技术职称：实习生、助理工程师、工程师、高级工程师（特批）、研究员级高级工程师。国家一级注册建筑师，国家注册咨询工程师。中国建筑学会资深会员、APEC 注册建筑师。河北省首批建筑大师。天津大学研究生企业导师、河北工业大学研究生导师、河北建筑工程学院研究生导师、石家庄铁道大学研究生导师、河北工程学院研究生导师、中信学院客座教授。中国建筑学会理事、中国勘察设计协会常务理事、中国建筑学会工业分会副理事长、中国建筑学会建筑师分会理事。河北省勘察设计咨询协会副会长、河北省木土建筑学会副会长、河北省工程勘察设计咨询协会建筑工作委员会主任、河北省建筑师分会副会长、河北暖通清洁能源协会会长。

个人荣誉

中国勘察设计协会优秀院长、河北省劳动模范、河北省“五一”劳动奖章、河北省工程勘察设计咨询协会优秀院长。

单位评价

孙兆杰，国家一级注册建筑师、国家咨询工程师（投资）、正高级工程师，2011 年被评为首批河北省建筑设计大师，现担任我公司总经理、首席总建筑师。

该同志具有扎实的专业知识和精湛的技术水平，在 35 年的建筑、规划设计工作中，始终恪守建筑职业道德，以社会责任为己任。作为公司建筑领域的领军人才，他主持和承担了大量国防科技系统、国家和省部级重点工程的设计工作。

孙兆杰同志以精益求精的专业态度提升城市品位；以突出的业务能力和工作业绩引领公司建筑领域的发展；以强烈的大局意识、娴熟的领导艺术和深厚的设计功底，影响和带动年轻的建筑师助推建筑文化产业发展壮大，为河北省内外建筑行业做出积极的贡献，也为公司创造了良好的经济效益和社会效益。

与兵器设计院结缘

我的建筑设计生涯始于进入中国兵器北方工程设计研究院的那一刻，始于各类常规军工建筑的设计实践。1983年，我有幸进入具有军工背景和深厚军工文化的兵器工业设计院。印象最深刻的是，报到证上既没有详细地址，也没有联系电话，只知道单位名称是中国兵器工业部第六设计院，位于石家庄，是一家保密级别较高的中央级设计院。无法事先取得联系，自然也无人接站，深夜11点我从火车站出来，只能先找一家小旅馆栖身。第二天，问遍路人竟无人知晓这个单位，114、电话号码簿也无法查到，无奈只得返回火车站。在火车站广场，突然看到军械学院临时搭建的新生接待处有军线电话，眼前一亮，我想兵器部一定和军械有关系，便急忙上前询问（后来才知道两个单位没有任何隶属关系）。运气不错，恰好当时设计院承接了军械学院图书馆的设计任务，而那天新生接待处值班的正是基建处处长（后来了解到，计划经济体制下我院的设计任务均由兵器部指派，不承接地方项目，军械学院通过军方做工作才请到我们院为他们做设计）。听我说明情况，他用军线查到了我们院的总机号码，问清了详细地址。

作为建筑的一个分支，工业建筑起源于我党红军时期创建的中央军委兵工厂（江西兴国官田）。因国家国防安全需要，兵工厂和辅助军工企业如雨后春笋般大量涌现，以军工建设为积淀，民族工业也随之兴起。中华人民共和国成立后，前苏联援助建设156个重点项目，其中21个兵工厂建设和几十个老兵工厂改造任务，由兵器设计院配合前苏联设计院完成。这些项目的建成，初步构建起我国兵器工业的战略布局，为我国国防工业体系建设奠定了基础。同时，通过向前苏联专家学习和设计工作实践锻炼，兵器设计院力量不断壮大。“三线”建设时期，93个工厂建设、“三线”地区老厂技术改造及扩建的设计任务全部由兵器设计院承担。设计人员以参加“三线”建设为荣，贯彻“靠山、分散、隐蔽”“山、散、洞”和“中、小、专、新、协”的方针，发扬艰苦奋斗、不怕困难的精神，努力解决山区建厂、洞室改造等技术难题，积极采用新技术、新工艺，完成了“三线”地区近百个大小兵工厂的工程勘察设计任务，参与构筑了祖国大纵深的防御体系，也走出了我们自己的工程设计道路。

35年的设计生涯，我主要干了三件事：大学、产业园、公共建筑。

1983年8月26日，到石家庄参加工作留念

2011年11月，由河北省副省长宋恩华主持的首批河北省建筑大师授予仪式

从公共建筑设计开始走向市场

在军工工程设计中，为满足军工厂正常生产和职工生活所需，我们还承担着科研、办公、住宅、餐饮及与之配套的各种基础设施的建设任务。因此，我们虽然以工业设计为主，但也从事公共建筑设计。20 世纪 90 年代，军民融合和市场化程度逐步加强，我们开始在市场浪潮中捕捉更多的发展良机，承担的项目涵盖科研、公共、商业、酒店、大学园区等多个领域。1991 年设计的河北华联商厦开创了河北现代化商业的先河。1992 年设计的石家庄火车站前综合楼（12 万平方米）是当时石家庄最大的，集商业、酒店、办公与图书市场为一体的综合商业中心。1997 年立项、2006 年正式开馆的河北省重点工程——河北省科技馆，是当时继北京、天津之后全国第三个青少年科普教育基地。在日本考察时，了解到日本每个县的科技馆都有宇宙剧场，“将科技馆设计建设成为青少年科普教育基地”的责任感油然而生。因此，在设计之初，我就想把它建成河北省乃至全国最优秀的科技馆，为河北省青少年提供一个科普教育基地。建成后的河北省科技馆是当时我国具有宇宙剧场和天象仪等完善设备的第三个科技馆，科技馆的标志性建筑——宇宙影院体现了当时世界先进水平。接下来我们又完成了以河北省省政府办公楼设计为代表的大量民用建筑。

1989 年，在深圳分院完成了南玻大厦后在深圳国贸旋转餐厅留念

2013 年在英国曼彻斯特大学商学院留念

了解建筑设计行业的人都认为建筑设计是一个非常辛苦的职业，但对于从内心真正喜欢这个职业的建筑师而言，这也是一份其乐无穷的工作，其中蕴含着一份社会责任——知识、文化、理念的传承。

从工业建筑到产业园规划设计

从国防工业到民族工业、从军用工业到民用工业，工业建筑与人民的生产和生活、城市的建筑和发展、国家的兴旺和强大密不可分。今天，人类社会由工业时代进入信息时代，人们不再认为烟囱林立、浓烟滚滚是工业发达、社会繁荣、城市现代化的象征，工业厂房也不再是容纳人和机器的“容器”。当前，经济发展转型、可持续发展备受关注。作为大量消耗能源和资源的建筑业，必须发展节能、绿色建筑，改变当前高投入、高消耗、高污染、低效率的生产模式。现代工业建筑设计应该创造满足特定生产需要的空间，创造充满活力的生产环境。工业建筑设计必须走节能、绿色生态发展之路，在建筑物的生命周期内努力做到节能、降耗、循环利用，并抑制有害物质排放，使建筑与地区的气候、传统、文化以及周边环境相协调，创造经得起时间考验，历久而弥新的高品质工业建筑。

1983 年参加工作，我被分配在五组——土建室民用组，其他四个组分别是车辆、枪、弹箭、光学专业组。接触到的第一个工业建筑项目是协助弹箭组进行 A 国弹厂（S831、S832）厂房施工图设计。1984 年，承担了 627 厂装甲车焊接车间初步设计项目。1986 年，作为工业建筑负责人，我承担了第一个项目——Z881 枪弹厂项目。追根溯源，二十余年的工业建筑设计实践为我能圆满完成几十项产业园规划设计任务奠定了基础，也促使我形成了与众不同的产业园区规划设计理念和项目运作模式。

1986 年在津巴布韦做 2881 项目，参观当地工厂

世纪之交，随着产业调整和城市发展，兵器工业的军民结合事业发展为中央军工集团与地方政府在国家高新技术开发区和经济开发区中共建军民结合产业基地。建于 20 世纪五六十年代的工业企业开始快速退出传统城区，进驻开发区，为产业园区发展提供了难得的历史机遇。2003 年起，我院开始介入工业园区设计领域。在建筑规划设计领域，工业建筑规划设计特别是兵器工业的建筑规划设计，总是被放在一个角落里，被当作旁系来看待。即便在大学的专业课程里，工业建筑规划设计也从来没有被当作重要课程，但这些并不妨碍国家发展需求催生出大量工业园区的建设任务。产业园规划设计是一个介于单体设计与规划设计之间，包含单体设计和规划设计在内、有特定需求的设计领域，是建筑设计与规划设计的充分融合。在做园区规划和建筑方案设计时，提升设计品质是考虑的首要因素，同时还要注重生态环境、历史文脉、人们新的审美观念以及对建筑环境质量和舒适度的要求。当然，作为工业建筑师，在产业园区规划及建筑设计中会更加注重功能和效率，不能过分地追求去工业化或公用建筑化，导致建筑材料以及建筑空间的浪费。设计时，要对企业文化、地域特点及产品特性进行充分深入地了解，关注工艺需求，并在设计中予以体现。只有掌握好规划与建筑设计两个方面的侧重点，并将其灵活地加以融合使用，才能创造出环境良好、科技领先、人文和谐的兵器工业园区。我们在工业工程设计中发扬“精益求精、一丝不苟”的精神，根据不同的产品需求，每一次设计都力求创新，力求满足复杂的工艺产品对建筑的要求，取得了良好效果。如昆明光电子产业基地规划及单体设计项目，建成后填补了我国夜视仪的空白，胡锦涛总书记、曾培炎副总理曾来视察，兵器集团前总经理马之庚亲笔题词“勇于创新、追求卓越”。十余年来，大到 14 平方千米的产业基地，小到四五百亩（1 亩 ≈ 666.61 平方米）的产业园区，从我们手中设计并建成的一个又一个工业园区，都记载着我们设计人员的探索、付出和努力。产业园区这一新型领域发展成为我们新的经济增长点，我们倍感骄傲和欣慰。

社会发展的浪潮推动着我们不断向前。在工业园区改造与建设实践中，越来越多的业主对园区规划和景观、对生产和工作环境提出了更高的要求。过去我们习惯于将整体厂区的设计称为“总图运输设计”，厂房建成后在空地上种上大树或冬青便称为“绿化景观”，建筑师在创作中缺少对项目的人文关怀和对工作生活环境的关注，难以满足时代发展对工业园区规划、景观设计的高品质要求。为此，建筑师必须与时俱进，改变原有的规划设计理念，在满足建筑物基本工艺要求的同时，融入人文、环境、生态甚至心理学等多学科理念。规划阶段，要从单纯的注重形态的设计向综合设计发展，既要注重园区的功能分区、交通流线，还要注重建筑的空间、体量、尺度、比例、色彩、造型、构造和材料的选择，最终将不同的建筑物、构筑物整合成为一个有机体。建筑设计与景观设计阶段，强调尊重人的心理需求及情感体悟，顺应人的行为模式及精神诉求，坚持以人为本的理念，从生态绿色角度进行设计。在设计实践中，建筑师要针对空间特点，综合生态、环境、人文等因素，因地制宜地开展创作，打造美的空间视觉效应，呼应人们对视觉美感的追求，营造令人舒适健康的工作与生活环境。

在工业建筑与园区建设中，园区规划、建筑设计与景观设计相互渗透、相互影响，都需要结合人文、历史、自然、人的行为心理等因素进行综合考量。随着社会发展需求的变化，过去以工艺和总图运输为基本要求的厂区设计逐渐演变为更加注重建筑规划、建筑物本身与景观相互支撑的综合性园区规划。园区规划注重对建筑设计和景观设计的引导以及具体实现的途径，建筑设计注重对规划的具体响应，景观设计注重对规划的精雕细刻，三者既相互支撑也相互牵引，共同构筑起展示工业园区的生动平台。

中国建筑学会宋春华理事长为我主编的《产业园区规划设计》一书题写了序言。他写道：如何规划好、设计好产业园区，既是城市管理决策者、园区建设者，也是规划师、建筑师共同面临的新课题、新任务。北方设计研究院曾为我国兵器工业的发展做出了重大贡献，同时也是新中国工业建筑设计和建设的亲历者。在产业园区建设上，承担了多项规划设计任务，积累了丰富的实践经验。本书图文并茂地展现了北方设计研究院规划师、建筑师们在产业园区规划设计中的努力和思考。他们尊重优良传统，在产业园区规划及建筑设计中注重功能和效率。同时，他们对新的设计理念充满了热忱，并对保护环境、节约资源、人文关怀和审美取向等这些当代建筑界特别关注的议题，进行了有益的探索和实践。

评论家威廉·马林在评论贝聿铭事务所在20世纪六七十年代完成的两个作品时所说，“建筑师必须了解他创作的最终形式与性格将取决于某些不完全可预测的力量及不可能完全知道的未来用途”“但必须尽心竭力去选择他的表现要素，即便事过境迁，经历了岁月的慰抚和磨砺，那些要素仍能以一定的清新度被人觉察、使用和享受”。宋春华理事长认为，《产业园区规划设计》的出版，将有助于引导建筑界的同行们，在繁重的建筑创作实践中，努力去选择那些能长久“被人察觉、使用和享受”的表现要素，赋予产业园区建筑清新的风格和时代精神，不断地把产业园区的规划设计提升到新的高度。

与大学建筑设计结缘

进入兵器设计院后，我被分在民用设计组，画的第一张设计图是华东工程学院（现南京理工大学）图书馆大堂的楼梯和扶手、栏板大样。作为建筑负责人，我设计的第一个项目是太原机械学院综合楼（1985年）。正是这些项目让我有机会与大学建筑设计结缘，让我拥有了近百所大学规划设计（包括总体规划和单体设计）的实践机会和工程业绩。

2000年，在国家关于大学新校区建设政策的支撑下，

2000年做河北农大新校区投标，去清华拜访关肇业院士

全国开始了轰轰烈烈的大学校园园区建设。

2000年年底，河北农业大学对新校区建设方案进行全国招标。新校区占地1 000亩（约66.7万平方米）。此前，我们院在整体大学规划建筑设计领域还处于空白，国内整体大学的规划建筑设计也比较少。但我们拥有大型工厂的设计经验，拥有大量规划总图专业人员的技术积累，在大学各类单体建筑设计上也积累了很多经验。这个时候我已担任院长助理，分管全院民用版块的工作。如何开创一条适合我院的民用设计专业道路是我面临的一个重要问题。

在对大学校园规划设计需求要素进行深入分析的基础上，我认为建筑、规划、景观三者之间的关系对大学校园规划有着很大的影响。规划设计具有相对独立的基本原理和方法，主要解决规划的面和线问题，主要通过建筑设计和景观设计来实现。建筑设计是在规划前提下，根据建设任务要求和工程技术条件进行全面设想，并根据其功能具体确定建筑物的空间组合形式和详细尺寸、构造及材料做法，主要解决规划的点和面问题。景观设计着重于对规划的景观构成要素以及城市的总体形象进行合理设计，是规划的亮点和“呼吸道”。而建筑对环境的适应和要求以及景观对建筑的需求融合在不同时期和不同性质的项目中也起着相互支撑、相互牵引的作用。规划、建筑、景观设计相互影响、相互渗透，规划引导建筑与景观设计的开展，建筑和景观设计反映了规划的性质与功能，这成为我们院大学校园和产业园规划的指导理念。

在这一理念指导下，结合对我院的优劣势分析，经过深刻的思考分析，我们决定走大团队作战的路子。经唐时超院长同意，我院组建了河北农业大学投标团队，由我负总责。审查团队有赵雄、雷义良、刘元和我，创作团队有李齐、王应合、孙广庆等，经营团队有韩志岩、王振宗，另外还有建筑、结构、水暖电等专业支撑。

大学校园规划设计在当时是一个空白领域，按我国当时的设计院划分体制，规划院着重点在城市规划，对建筑设计基本没有涉及。建筑设计院主要是建筑单体设计，因此很多建筑设计院根本没有规划专业。在大型工业院，既有建筑专业、规划专业，还有总图运输专业。对于一个没有大学校园规划设计经验的新团队来说，首先要学习，要搜集整体大学校园规划的案例。在《建筑学报》上发现大学校园理论研究较多的是清华大学高纪生院长，我们就请高老师作为我们的顾问；看到关肇业院士有关于大学校园的创作和理论研究，就请关先生进行方案把关。然后，发动规划专业人员各自提出方案构思，经过多轮评审、逐次淘汰，最后确定以李齐的草图构思为主深入推进，最终形成了现在建成的方案。对我来说，最难的是在众多方案草图构思中如何进行选择。

全国8个最高学府的设计院与我们同台竞技，最终我院在11名评委投票中以9票高分中标。由此，北方设计院开启了将近20年对百余所大学校园设计建设的历程，塑造了北方设计院大学校园设计的品牌，也形成了一套大学校园规划设计的理论和基本方法。在我编写的《大学校园规划设计》序言中，宋春华理事长写道：

近十多年来，我国高等教育经历了一段迅猛发展的时期，老校园、老校区由于受到用地的制约已不堪负载，于是大学城、新校区应运而生，大学校园规划设计成为规划设计单位重要的业务领域，其间新生了不少优秀的规划设计方案，值得认真回顾总结。北方设计院规划设计的24项大学校园，其区位、规模、学科、建制等各有不同，但它们又共同遵循一些普遍规划。一是尊重环境，顺应自然。24个案例中，校园面积差异大，有的有两千多亩，有的只有三四百亩，而且基地环境条件各不相同，设计者们在深入调查研究、摸清环境本底条件的基础上，因地制宜，精心组织，在尊重环境的基础上尽量顺应自然，构筑与环境融为一体、各具特色的校园格局和风貌。二是绿色低碳，生态校园。注重生态文明，把生态文明建设放在更加突出的地位，建设绿色低碳的生态校园是不二的选择。中国医药大学江宁校区规划等项目无一不体现了生态优先的原则，注重生态修复和涵养，为教学科研创造了良好的生态环境。三是开放交流，人文空间。北京电影学院通州校区规划，以电影艺术教育的文化特性为切入点，在主教学区和生活区之间构建了一个自西向东的综合体，在一个“大屋檐下”容纳了图书馆、电影博物馆、多个放映剧场和动漫中心，形成一个公共艺术群落和交流展示平台；将电影技艺的光影、片段、场景等元素转换为建筑语汇，将电影叙事中的广场、街道、商业区等元素演绎为室内外空间环境，从而将电影学院的教学模式和文化特性落实到规划方面。四是继承传统，展示现代。大学校园规划，实质是一项综合性的城市设计，不但要有空间格局的规划和尺度的把握，还要给出围合空间的建筑形体与意象，以充分展示校园风采。其中重要的是把握好建筑的地域性和时代感。重庆机电职业技术学院校园建筑设计，汲取了山地建筑的传统布局手法，高低有别，错落有致，建筑立面处理强调不同体块、不同材质的理想表达和光影效果，整体和谐统一，简洁明快，很有现代感。大学校园是一道文化景观，优秀校园风貌的形成是一个历史积淀的过程，而好的规划设计是前提。毋庸讳言，我国大规模的校区建设，还存在许多不尽如人意的地方，愿同行们认真总结经验，在文教建筑的规划设计中继续努力，不断创新，以持续取得更大的进步。

我想，这是对我这些年大学建筑设计实践的肯定。

参加工作35年来，我一直在产业园区规划、大学校园规划与大学建筑设计实践中耕耘和探索。产业园区

参加改革开放四十年北京论坛

2017年参加中国建筑学会与台湾建筑界人士进行学术活动

规划和校园规划看似是两个不同的行业，其实有着高度的相通之处，规划设计中有很多相同的内涵。二者都需要高度关注规划与建筑以及建筑单体之间的相互关系，促进它们之间的相互融合。随着创作的逐步深入，景观设计也被纳入前期方案创作过程。在不断的探索实践和总结感悟中，我们形成了“在建筑创作中建筑、规划、景观相互支撑和牵引”的创作指导思想，并总结提炼出一整套创作组织和工作方法。

2012年在天津大学参加CCAF当代论坛活动

我的设计工作年鉴

（1）1983 年 8 月华东工程学院图书馆（部级一等奖）、教学楼（部级一等奖）、实验楼（主要设计人）。

（2）1984 年 627 焊接车间（主要设计人）。

（3）1985 年 206 新区移址设计（国家银奖、部级一等奖）、石家庄经济学院图书馆设计（主要设计人）、太原机械学院综合楼设计（专业负责人）（建筑画参加 1987 中国建筑画展，收入 1987 年《全国建筑画选》）。

（4）1986 年 Z881 项目设计（专业负责人）。

（5）1987 年深圳南方玻璃公司办公楼、508 光学厂设计（专业负责人）。

（6）1988 年石家庄铁道大厦设计（总设计师）。

（7）1989 年河北体育学院方案设计。

（8）1990 年学习日语。

（9）1991 年河北华联商场设计（总设计师）。

（10）1992 年石家庄站前综合楼设计（总设计师）。

（11）1993 年北京华堂俱乐部设计（总设计师）。

（12）1994 年青岛高尔夫球中心设计、青岛航空港飞行员公寓设计（总设计师）。

（13）1995 年北京百万山庄设计（总设计师）。

（14）1996 年北京百强大厦设计（总设计师）。

（15）1997 年河北省科技馆（部级三等奖）设计（总设计师）。

（16）1998 日本学习，管理工作。

（17）1999 日本学习，管理工作。

（18）2000 年河北农业大学新校区设计（建筑规划总负责人）。

（19）2001 年河北大学设计（建筑规划总负责人）。

（20）2002 东华理工学院、中国矿业大学、中国药业大学设计（建筑规划总负责人）。

（21）2003 年承德医学院、江西日报设计（建筑规划总负责人）、英国学习。

（22）2004 年河北科技大学设计（建筑规划总负责人）。

（23）2005 年河北师范大学、河北省委党校、211 夜视项目（中国建筑学会工业建筑二等奖）设计（建筑规划总负责人）。

（24）2006 年长春 228 厂搬迁项目设计（建筑规划总负责人）。

（25）2007 年 205 所科研楼设计 （建筑规划总负责人）。

（26）2008 年西安兵器产业园设计、528 项目（中国建筑学会工业建筑一等奖、建筑规划总负责人）。

（27）2009 年 248 厂搬迁项目，编著出版《产业园设计》。

（28）2010 年河北省政府项目（部级一等奖）设计（总设计师）。

（29）2011 年 627 搬迁项目设计，获得河北省建筑大师（建筑规划总负责人）。

（30）2012 年 204 搬迁、70 所项目（中国建筑学会设计奖、部级一等奖，建筑规划总负责人）。

（31）2013 年召开工业分会年会，赴台湾学习。

（32）2014 年获得资深建筑师称号，编著出版《科技与工业建筑》。

（33）2015 年推动美丽乡村设计，贵安职业技术学院设计（总设计师），编著出版《大学规划设计》。

（34）2016 年藏马山旅游规划项目（建筑规划总负责人）精细设计。

（35）2017 年 209 项目设计，出台经营管理 11 条。

（36）2018 年石家庄市委党校设计（总设计师）。

70 所

建设地点：天津市

建筑面积：51 000 平方米

设计/竣工：2010 年/2012 年

获奖情况：中国建筑学会 2015 设计奖、工业建筑一等奖、部级一等奖

中国兵器动力集团新址。

南京理工大学

建设地点：江苏省南京市
建筑面积：11 000 平方米
设计 / 竣工：1983 年 / 1985 年
获奖情况：1991 年度部级优秀工程设计一等奖

原华东工程学院图书馆 1983 年设计，1985 年建成，11 000 平方米。

1986 年水彩渲染

太原机械学院综合楼设计

建 设 地 点：山西省太原市
建 筑 面 积：16 500 平方米
设计 / 竣工：1985 年 / 1988 年

该建筑后面有一座保留的、尚在使用的民国时期的建筑物。为此，设计方案主体采用了“V”字形样式，为后面保留的建筑的采光通风提供了条件，同时又对大门入口处大面积的广场产生了围合作用，形成了宽阔的广场空间。该项目设计方案的透视图参加了在中央美术馆举办的 1987 年中国建筑画展，并被收入 1987 年《全国建筑画选》。

津巴布韦 Z881 项目设计

建设地点：津巴布韦
建筑面积：28 000 平方米
设计 / 竣工：1986 年 / 1988 年

本项目为机械、热处理、火化工项目。

河北华联商场

建设地点：河北省石家庄市
建筑面积：46 000 平方米
设计 / 竣工：1991 年 / 1996 年

1991 年作为项目负责人完成设计，为河北省首座设有 460 平方米 5 层高带有两部剪刀式自动扶梯中庭的商业建筑。

石家庄站前综合楼设计

建设地点：河北省石家庄市
建筑面积：120 000 平方米
设计 / 竣工：1992 年 / 2001 年

1992 年作为项目负责人完成设计。该项目位于石家庄老火车站正对面，是一栋集商业书店、酒店为一体的综合商业建筑。

河北省科技馆

建设地点：河北省石家庄市
建筑面积：31 000 平方米
设计/竣工：1998 年/2001 年
获奖情况：部级优秀工程设计二等奖

1998 年作为项目负责人完成设计，是一栋含有宇宙影院、科技馆、汇展中心等功能的公益性建筑。

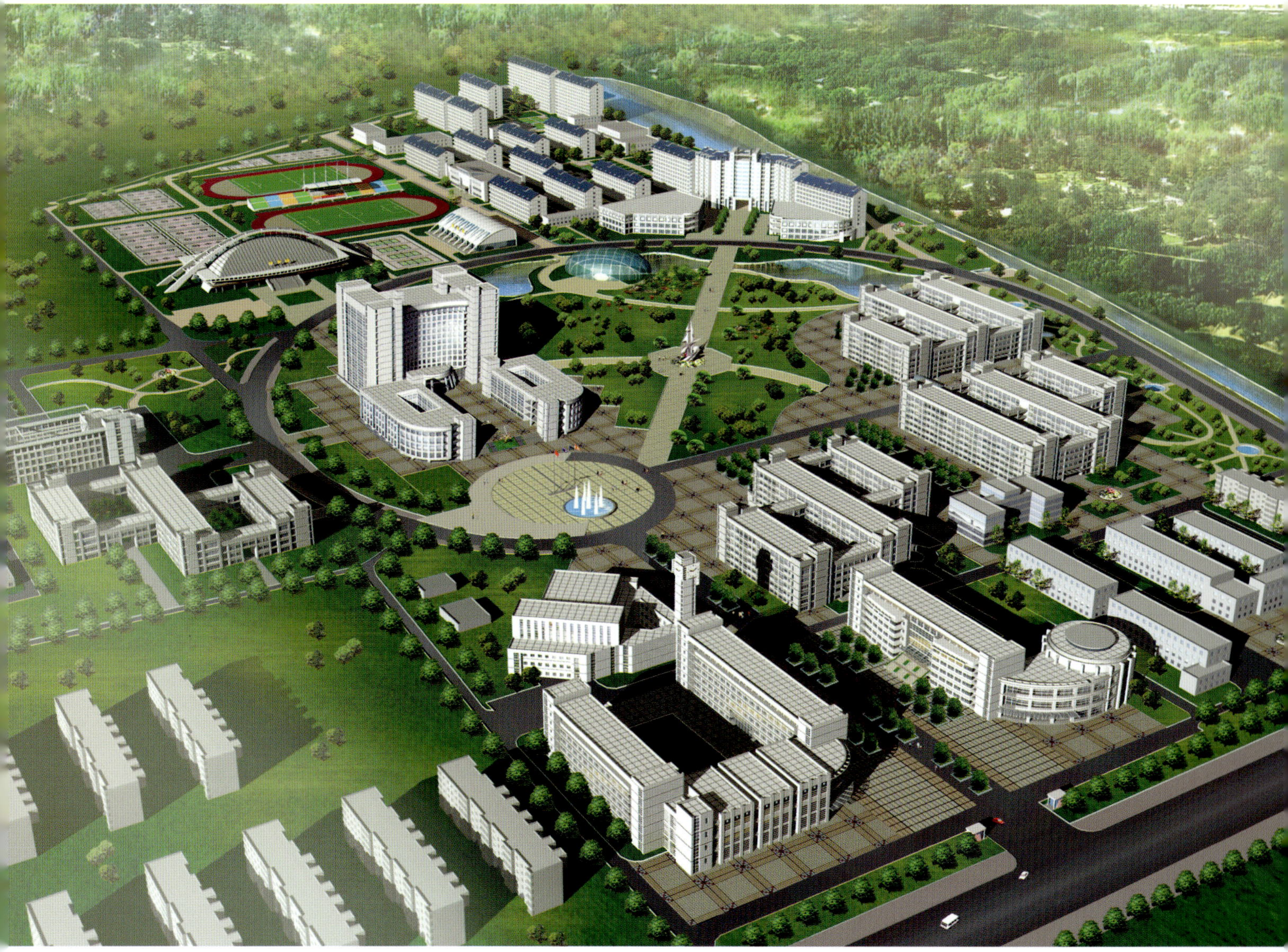

河北农业大学新校区

建设地点：河北省保定市
建筑面积：30万平方米
建设用地：1000亩

作为建筑结构总负责人完成规划部分建筑设计的大学园区规划及建筑设计。

为人民服务
河北省人民政府

河北省政府项目

建设地点：河北省石家庄市
建筑面积：12 万平方米
设计 / 竣工：2012 年 / 2016 年
获奖情况：部级优秀工程设计一等奖

作为项目负责人完成设计，项目为省政府办公区。

东华理工学院

建 设 地 点：江西省南昌市
建 筑 面 积：22 万平方米
设计 / 竣工：2002 年 / 2006 年

作为建筑规划总负责人完成整体校园规划及部分建筑设计。

贵安职业技术学院

建设地点：贵州省贵安新区
建筑面积：23 万平方米
设计 / 竣工：2015 年 / 2017 年

作为项目负责人完成整体规划和建筑设计。

209 项目（西南物理研究院）

建设地点：四川省天府新区
建筑面积：20 万平方米
设计时间：2017 年

作为建筑规划总负责完成规划设计，本效果图为本人通过平板电脑绘制。

孔令涛

1991 年毕业于哈尔滨建筑工程学院建筑系建筑学专业，国家一级注册建筑师，1991 年至 2005 年先后任河北省建筑设计研究院主任建筑师、副总建筑师，现任河北九易庄宸科技股份有限公司总建筑师。

社会任职

中国建筑学会资深会员，中国建筑学会建筑师分会人居环境委员会委员，河北省土木建筑学会常务理事，河北省土木建筑学会建筑师分会副理事长，河北工业大学客座教授，石家庄铁道大学硕士研究生校外导师，河北建筑工程学院硕士研究生校外导师。

主持工程情况及荣誉

主持设计的项目先后有二十余项获得全国优秀工程勘察设计行业奖及河北省优秀工程勘察设计奖。代表作品有石家庄美术馆、河北科技大学新校区图书馆、长安生物科技研发中心、浙江大厦等文化及办公类项目。先后荣获河北省建设系统先进工作者、河北省建筑大师、石家庄市有突出贡献的中青年专家等荣誉称号。

学术成果

结合工程实践撰写并发表了《关注场所营造的文化建筑创作——石家庄市美术馆设计》等多篇学术论文，曾获河北省科学技术成果，建筑画作品入选《中国建筑画选》

单位评价

该同志理论功底深厚，专业功底扎实，技术水平精湛。作为专业带头人，他以严谨的工作作风、精益的工作态度，持续提升公司的专业技术水平和设计质量，主持了一系列重大项目和获奖工程,引领公司设计创新水平达到新高度，提升公司品牌的社会影响力，是九易庄宸技术营销、产品营销带头人。

该同志积极参与我省工程建设行业的社会活动，担任中国建筑学会资深会员、中国建筑学会建筑师分会人居环境委员会委员、河北省土木建筑学会常务理事、河北省土木建筑学会建筑师分会副理事长。热情参与学科教学与学生培养工作，作为河北工业大学客座教授、石家庄铁道大学硕士研究生校外导师、河北建筑工程学院硕士研究生校外导师无私分享设计经验和学术成果，为区域经济社会发展和人居环境改善贡献力量。

建筑之缘

我的家乡——河北省献县，一个既贫瘠又富饶的地方，它既有钦定的献县泛区（俗称四十八村），也是沧州金丝小枣的故乡。1969年5月16日我就出生在这里的一个普通职工家庭，父亲是中学教师，母亲是供销社的一名普通干部。我基本上是随着父母工作的变动而辗转居住在不同的地方，度过了无忧无虑的童年。

6岁时，我开始启蒙读书，父亲在镇上的中学教书，而我就在镇上的小学读书。小学五年级的时候，父亲病休随母亲回到姥爷家生活，而我则独自留在镇上读完小学，从此开启了寄宿读书的生活，并顺利读完了初中、高中。

1987年，我在献县一中高中毕业并参加高考。那时的高考还有预选考试，通过的才能参加。记得预选完后，同住宿舍一条铺上的只剩下了我一个，这让我真正体会了千军万马过独木桥的残酷。高考后报志愿的过程现在想起来有点撞大运的意思，那时不像现在高考公布成绩后报志愿，而是根据估分填报。印象中我们一帮乡下学生凑在一起互相出主意，还免不了藏点小心思互相戒备着，现在想来那时候真是青涩。幸运的是，我的一个舅舅在当时的哈尔滨建筑工程学院当教授，一直希望我们弟兄几个能有一个考进去。两个哥哥都没能达成他的心愿，希望就落在我身上，因此我的目标也就比较明确。具体填报专业的时候，爱好美术的大哥从一堆建筑工程类的专业里，一眼就挑中了建筑学，因为这个专业需要加试美术从而跟他的志趣比较相投，他也力荐我选报这个专业。所以，我算是懵懵懂懂、误打误撞地进了建筑学的大门，现在想来是一种幸运吧。

如愿进入大学后，却没有大学校园神圣的感觉，因为我的大学是全国出名的袖珍大学，只有一栋由建于不同年代的建筑围合而成的教学楼，和一栋被哈尔滨市最主要的大街——西大直街——隔开的宿舍楼。因此，我每每到隔壁的哈尔滨工业大学便羡慕人家校园的广袤与

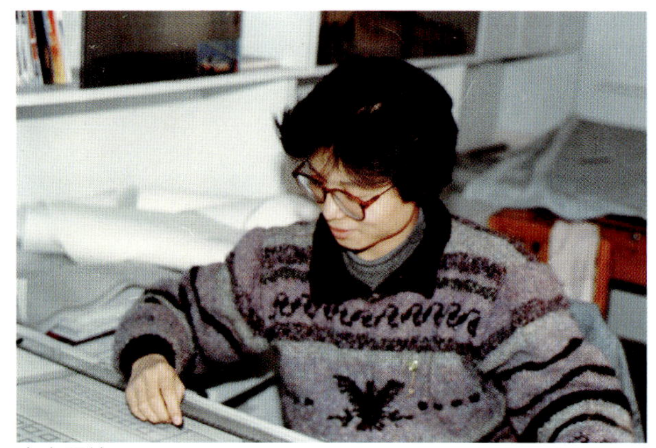
个人照片

宁静，但也恰恰得益于这种没有围墙的大学，我才有机会去触摸并徜徉在有“东方巴黎”之称的哈尔滨，以及这个城市里所特有的新艺术运动流派的各种建筑，从而在老师的言传身教之外有了更多真实的体验，养成了对环境、材料、比例、尺度、节奏等更为细腻的感知并成为一种记忆。大学期间还发生了一件大事，久病的父亲还是没挨过我大四上学期的那个冬天就去世了，而家里人考虑到路途遥远及经济情况没有通知我。从此那个像山一样的父亲离开了，而我竟没能见到他最后一面，这成了埋在心里的永远的痛。

大学毕业后，我被分配到河北省建筑设计院工作。省建筑设计院那几年招了很多大学毕业生，而那几年正赶上国家经济宏观调控，大学毕业生的分配形势并不好。正是这种客观因素使得地方上的省建筑设计院延揽了一批名校的优秀毕业生，从而在院里形成了一股具有青春气息的学术氛围。也得益于这种环境，我结识了郭总、郝总等建筑师发小。毕业没几年就赶上了浦东新区建设，院里在上海成立了分院，从此在改革开放的前沿建立了滩头堡，院里抽调各个所里的骨干力量轮流到分院工作，而女儿那时才刚刚出生几个月我就不得不奔赴上海。在分院工作的那几年正值一个年轻学生青春飞扬、胆大无畏的年纪。刚到分院我就跟随院里的总建筑师李拱辰先生参加一系列重大项目的投标，李总当时像个年轻人一

样陪我们一起熬夜，一起构思草图、盯效果图、盯模型，在方案创作山穷水尽的时候给我们拨开迷雾，指出前进的方向。记得有一次上海的一个重点工程投标，投标单位因为时间的原因无法安排人员参加，他们考虑到跟分院合作过程中分院所展现出来的专业水准，希望分院能派出团队以他们的名义参加投标，院里就安排了我来主持这个重大项目的投标。作为上海市的重点工程，工程选址在市中心，场域条件复杂、功能复合度高，设计进行得很艰难。那个时候还没有电脑制作效果图，全部需要手绘零号大小的效果图，最后制作的时候三天两夜没有合眼，等封标的时候整个人都处于一种无意识状态，现在想来不得不感叹年轻真好。那次投标，上海滩所有的知名设计院几乎全部参加了，等投标结果一公布，合作单位也震惊了，我们的方案居然第一名中标。在上海分院工作的几年正是我从一个毛头学生向建筑师转变的几年。受益于上海前沿的锤炼，我打下了较为扎实的基础，也建立了专业自信。2000 年，我回到总院创作中心工作，带着在分院练就的功底，在李总及团队的支持下，又先后中标了河北科技大学新校区、泥河湾博物馆、石家庄市第 54 中学等一系列项目。

2005 年省院改制，我自己也想离开体制一段时间，就跟几个志同道合的同事选择了自谋职业，创办了河北九易营造设计有限公司。创业初期一切都是新鲜和艰难的，每天都会遭遇以前不曾遇到的情况，好在凭借一腔勇气和团队的力量，总算没有溺水而亡，企业慢慢进入良性发展的轨道。2007 年合并成立了河北九易庄宸工程设计有限公司，经过十余年的共同奋进，公司于 2016 年成功挂牌新三版，并更名为河北九易庄宸科技股份有限公司，成为河北首个登陆资本市场的设计企业。回首十余年的创业路，我们既分享了城市化进程飞速发展的红利，也体味了市场竞争的残酷，还先后主持完成了石家庄市美术馆、长安生物科技研发中心、固安国际会议中心、浙江大厦、赵望云艺术馆等不同规模、不同类型的工程项目。

20 余年的建筑创作历程，随着经验的积累却始终没有举重若轻的释然，更多的是步履愈发滞重，如履薄冰。从最初的关注个体、关注建筑本身传递的气质，转向关注城市、关注环境、关注建筑所依存的场地，敏思、慎行是一种态度。套用一句网络热语“幸福是奋斗出来的”，而我一直在路上。

石家庄美术馆

建设地点：河北省石家庄市
建筑面积：11 553 平方米
设计/竣工：2008 年/2010 年

整体布局借鉴传统园林巧于因借 、旷奥相济、小中见大、欲扬先抑、明暗相衬、塑造意境等手法，以序列型的陈列馆及三个带中庭的方形实体围绕一个中心庭院来营造空间氛围。建筑立面以平缓的直线、简洁的体块来表现地域建筑的刚直与硬朗，外观采用灰白的主调色彩与葱翠的环境融合，以其方正、内敛的气质体现建筑的端庄。

石家莊美術館
石家莊畫院

石家莊美術館
石家莊畫院

长安生物科技研发中心

建设地点：河北省石家庄市高新区
建筑面积：78 292 平方米
设计/竣工：2014 年/2016 年
获奖情况：2017 年度全国优秀工程勘察设计行业奖三等奖

多面体的切割方式有效化解了庞大体量的臃肿感，形态上的纯粹性、完整性为项目带来强大气场，雕塑感很强的形体在周边众多建筑物中有鲜明的辨识度，令人印象深刻。通高中庭的设置保证了裙房与塔楼办公空间的采光舒适性，又在建筑内部创造了活跃的开放空间，让员工在这里相遇、相识，发生故事，让这里成为企业文化的孵化器。

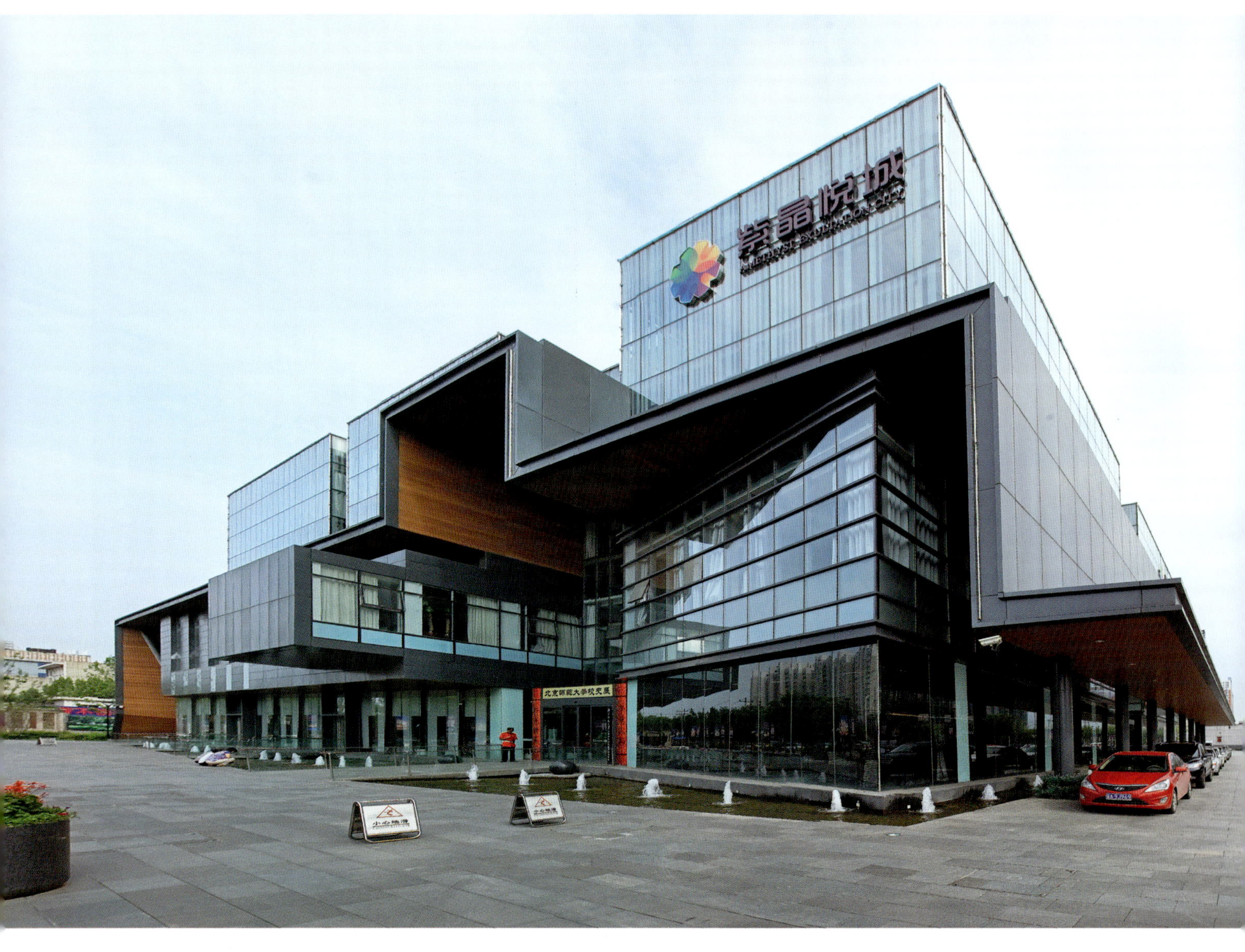

紫晶悦城销售展示中心

建设地点：河北省石家庄市
建筑面积：9 480 平方米
设计 / 竣工：2013 年 / 2014 年

结合功能设定布局的方式自然地将建筑划分为两个部分，一、二层用深灰色金属材质营造稳定、神秘的场所，契合展示、销售空间的特质；三、四层采用印刷玻璃，营造温润如玉的体积悬浮感，与下部厚重的基座共同形成具有独特个性及当代精神的建筑空间。圆形中庭空间的植入，在引入自然光线的同时，为人们提供看与被看的空间，成为空间的活跃元。

北京師範大學校史展
紫晶悦城

河北建投（固安）农业科技产业园国际会议会展中心

建设地点：河北省固安县
建筑面积：71 350 平方米
设计 / 竣工：2013 年 / 2015 年
获奖情况：2017 年度河北省优秀工程勘察设计一等奖

整体布局借鉴传统院落式布局的精髓，根据功能将庞大的体量拆分成几个功能组团，组团之间通过不同形式、尺度的院落进行连接，使得建筑与景观庭院有机共生。客房楼采用 V 形布局，最大限度地利用西侧的滨水景观，为每间客房提供良好的景观视野。立面风格吸收美国“草原式”建筑的经典建筑语汇——平缓的屋顶，深远的出檐，水平的线条感，体现建筑的近地性以及景观友好性。

JIANGUO

上庄科技产业中心

建设地点：石家庄市鹿泉区上庄镇内
建筑面积：275 850 平方米
设计/竣工：2017 年

建筑的布局立足提升城市的形象，强化地块内部与外部城市的融合，模糊城市与地块边界，力图营造独特的城市肌理，优化城市空间中人行尺度下的城市空间体验，同时通过友好的城市空间设计使地块内部更具活力，增加内部办公人群的户外活动可能性，努力营造集工作、生活、休闲于一体的现代办公模式。建筑设计采用经典的设计语汇，通过材料、色彩的有机搭配，形成沉静内敛的建筑群体形象，与周边风格化的城市背景警惕地拉开一定距离，体现现代 OFFICE PARK（商务花园）应有的当代气质。

浙江大厦

建设地点：河北省石家庄市
建筑面积：119 000 平方米
设计/竣工：2015/至今
合作设计：日建设计

商业综合体塔楼部分采用折线形体，有效地解决西侧住宅日照问题，同时获得面向公园景观的最大延展面。裙房形体呈不规则形态，与塔楼自然衔接，中厅的设置一反常规，采用外置的方式并配合高透玻璃，从而与公园景观获得最大限度的互动，同时中庭内大尺度的扶梯、绚丽的灯光也向外部城市空间展示迷人的魅力。

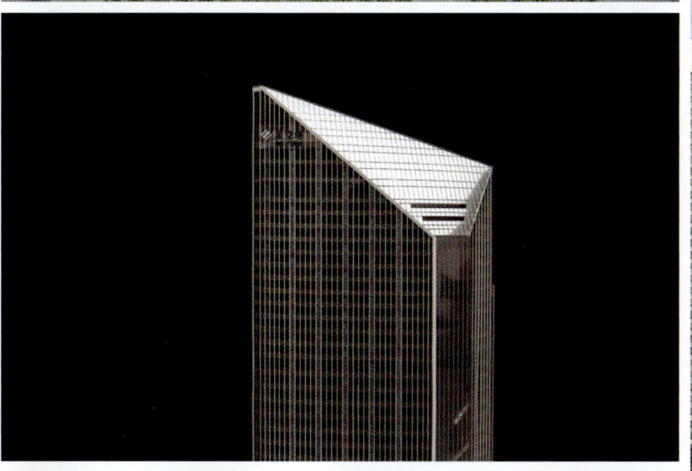

新源燕府

建设地点：河北省石家庄市
建筑面积：238 000 平方米
设计 / 竣工：2014 年 / 2017 年

项目位于石家庄市主城区最中心地带，周边建成区环境复杂、密度较高，因此住区规划将住宅按本地日照最有利的条件，巧妙地向东南方向旋转 35 度，从而满足住宅的日照要求并获得较大的楼间距。住宅建筑风格呈现经典的 ART DECO 风格，采用全石材、金属幕墙 + 高性能玻璃以获取精工品质，成为省会第一例全幕墙体系的高端住宅。

NO.7

辛集赵望云艺术馆

建设地点：河北省辛集市
建筑面积：6 133 平方米
设计 / 竣工：2017 年 / 至今

赵望云，祖籍河北省辛集市，长安画派创始人。艺术馆整体由三个馆组成，呈“品”字形布局，三个馆前后错落，强调中轴对称的同时又不失建筑的灵动性。建筑将汉唐风韵与现代元素相结合，以洗练的设计语汇打造汉唐建筑的厚重和端庄，使用石材、金属、玻璃等当代材料，通过抽象、转译等语义，旨在传递建筑地域性的同时，强调建筑应有的时代特征。

高邑县文化中心

建设地点：河北省高邑县
建筑面积：24 800 平方米
设计 / 竣工：2018/ 在建

建筑立面构成方式规整，底部实、中部秀、顶部稳，与汉字“邑”的形体结构相合。“邑”分上下，上“城”下“坊”，城以共享中庭为中心组织空间，内部纵横交错、上下贯通；坊以庭院为中心组织空间，庭院作为空间的外部延续。

上下之间以起伏的藻井形式营造“金顶夕照，古邑祥云”的空间意象。

岳 欣

河北省建筑设计大师，河北大成建筑设计咨询有限公司董事长、总建筑师，国家一级注册建筑师，教授级高级工程师，中国建筑学会资深会员，中国APEC建筑师，河北省工程勘察设计咨询协会副会长。

社会任职

中国建筑学会资深会员、中国APEC建筑师、国际注册高级绿色建筑工程师、河北省工程勘察设计咨询协会副会长、河北省工程勘察设计咨询协会建筑工作委员会副主任、河北土木建筑学会建筑师分会理事、河北土木建筑学会理事、河北省城市学研究会理事会副会长、河北省风景园林学会专家组专家、河北省高校教学指导委员会委员、石家庄市工程勘察设计咨询业协会副会长、石家庄市工程勘察设计咨询业协会装配式工作部主任、多所大学特聘教授及研究生校外导师、《建筑技艺》《新建筑》等杂志社常务理事。

主持工程情况及荣誉

石家庄市人民会堂、石家庄国际会展中心、阳光大厦、洛阳国税大厦、东海大厦、广安大厦、易融城市广场、红星美凯龙全球家具生活广场、河北出版传媒集团数字印刷产业园、未来科技城、祥云凤凰府邸、国源和天下等多个项目获得国际及国内各种奖项。

学术成果

曾编写建筑学术专著5部，字数达百余万字，在专业学术核心期刊刊登论文10余篇，主持和参加编写多部河北省工程建设标准。在建筑理论上有较高的造诣，逐渐形成自己的理论体系。这些年积极参与到城市设计中，致力将规划、建筑、景观、室内融为一体。

单位评价

岳欣同志政治品德和职业品德优秀，待人谦和，工作严谨，从事设计及设计管理工作近30年，是河北省建筑设计大师、国家一级注册建筑师、正高级工程师，先后主持可行性研究、初步设计、施工图设计200多项，多次荣获省部优设计奖。

岳欣同志在技术上勇于开拓，工作勤恳认真，基本功扎实，1997年一次性通过国家一级注册建筑师考试。主持设计的项目涉及大型商业综合体、宾馆、办公楼、学校、住宅、工业园区等建筑，在多数项目中，他都担任总设计师，从方案到可研、初步设计、施工图等各方面进行把控。

岳欣同志设计的石家庄国际会展中心、石家庄一宫综合改造工程等大型公建均在社会上影响巨大，产生良好的社会效益。

这些年，他积极参与到城市规划设计中，在城市设计中将规划、建筑、景观一体化设计，为城市整体面貌的提升做出自己的努力。

岳欣同志致力于新技术的研究，不断探索，在装配化设计等方面形成独到见解，成为省内领军人物。

岳欣同志致力于公益事业，担任大学特聘教授、市政府防灾专家，资助石家庄市救助管理站公益活动。

岳　欣○

名门之后 设计世家

我于1967年4月出生，祖籍河南汤阴，祖上是中原名门望族，抗金英雄岳飞是其中的代表，到我这儿是岳飞第36代传人。父亲从清华大学毕业后在北京工作，因国家备战政策，我便随父母落户石家庄。从外祖父那一代开始，我就与建筑结下不解之缘。外祖父是我国早期工程师，为中国建筑事业的发展呕心沥血；父亲一辈子从事建筑设计工作，常用清华校训“自强不息，厚德载物”教导我。父母就职于兵器部北方设计院，而我从小便和父母生活在北方设计院家属院。设计图纸、工程建筑、城市建设这些名词，像是根植于我的生活，伴随着我的成长，也让我幼时便对建筑学产生兴趣，更是在1985年报考合肥工业大学时，毅然选择了建筑学专业。受我的影响，儿子现在在美国攻读城市设计硕士，建筑设计成为我们一家几代人共同奋斗的目标和投身的梦想，我们家也成为典型的设计世家。

大学是让人不断怀念的一段时光，不仅有对我自身专业学习产生影响的导师和同学，更激发了我对建筑及绘画的热爱，让我逐渐形成系统而严谨的建筑观。建筑学是涉及范围非常广的学科，需要人一生的投入和执着；它包含人文、艺术、科技等多方面，学习的内容很多。而且在我看来，建筑学更是一个具有浪漫主义情怀的学科，有理想，有成长，有成就，还有记忆深处的那些人和事。

我们当时的专业老师，都是治学严谨的一代建筑宗师，每位老师都各有特点。姜传宗、邵木兰夫妇，是对我建筑设计生涯影响最深，也是让我记忆最深的老师，两位先生辛勤耕耘，把我带入艺术殿堂。从一开始的初步设计、仿宋字、线条到后来的水彩水粉和毕业设计，他们手把手教导我们，也练就了我们手绘图扎实的功底。时至今日，虽然有科技发达的绘图工具，我一直还是偏好手绘图纸。

此外还有令我记忆犹新的水彩课，追求“水墨的韵味、油画的色彩、中国的气派”“水彩画技术与艺术的融合”。可惜那时画水彩画，找不到水彩纸，我们便把很多作品洗掉，将纸张晾干再多次使用，以致很多作品没有保留下来。

学校的斛兵塘，是以前曹操计量兵将人数的地方，那是一个很美的水塘，鱼虾肥美，景观非常有层次感，也招来不少同学偷偷下水游泳，留下我们很多的欢声笑语。

得益于便利的地理条件，我爱上风景奇秀的黄山，“自古黄山天下奇”，横空峰峦、浩渺云烟、奔泻飞瀑、嶙峋巧石、奇特青松，无不展现着黄山的壮美风姿。独特的徽州古城，也让我更加喜欢传统文化。徽州建筑一般依山傍水，粉墙黛瓦，鳞次栉比，散落在山麓或丛林之间，浓绿与黑白相映，同时有大量的文化建筑，如书院、楼阁、祠堂、牌坊、古塔和园林，杂陈其间，使得整个环境富有文化气息和园林情趣。站在高处望村落，只见白墙青瓦，层层叠叠，跌宕起伏，错落有致，达到“天人合一”的境界。建筑与环境的完美结合，让我震撼，传统文化的学习对我的建筑观的形成产生很大影响。

大学毕业之际，相处多年的同学各奔东西，同学间的勉励和支持是我怀揣梦想在建筑领域逐梦而行的重要支撑。

崭露头角 事有所成

1989年毕业之后，我就职于兵器部北方设计研究院，工作了近20年的时间。刚到设计院工作时，我的内心充满期待与欢喜，感觉自己来对了地方：有国家级的设计大师、各专业高级人才，还有熟悉的朋友。他们给予我很多方向性的指导，还有大量的技术资料、学校欠缺的画图原料、水彩水粉纸张。设计院良好的外部条件，也使我很快进入角色，投入到疯狂的设计创作之中。

学以致用，在设计院让我深有体会。在校期间扎实的学习基础，在设计院得到应用，让我可以施展才能，大展拳脚。这期间我经常加班加点工作，废寝忘食、夜以继日地进行设计。这也让我的作品很快就开始中标，第一个中标的项目至今记忆犹新。那是石家庄外贸大厦，是省市重点项目。在参考资料缺乏的情况下，自己用笔从总图平面到单体造型一点点画出来，仔细推敲，不断完善，虽然后期因为规划原因并未正式投入建设，但是开启了我在设计院的中标之路。之后我设计的大型项目频频中标，包括广安大厦、东海大厦、阳光大厦等都得益于这次的突破。在当时，我们承建的都是省市重点项目，更展示了当时国内建筑的最高水平。看着自己设计的高层、超高层建筑不断拔地而起，我真正感受到建筑设计的魅力所在，那是一种用自己的力量改变城市面貌的成就感和使命感，也有一种让理想变成现实的浪漫情怀。

中标之后我逐渐担任方案深化以及施工图设计专业负责人，进入实质的设计阶段。由于良好的组织才能和技术能力，我很快就担任项目的总设计师。当时家里来电话找岳总工，每次母亲接电话都要再问一下找哪个岳总，因为家里突然有了两个岳总工！年纪轻轻就成为总设计师，这也让母亲为我感到欣慰和自豪。为了和父亲区分开来，家人和同事们称呼父亲和我为大岳总和小岳总。

北方设计院在外地有很多分院，受院里委派，我先后到上海、苏州、厦门分院担任正、副院长。读万卷书，行万里路，走南闯北，让我增长了见识，进一步锻炼了能力。在南方这些时间，江浙文化的熏陶，南北文化的冲撞融合，使我对中国传统文化的认识不断发生变化；苏州的园林景观也让我为之着迷，为之后公司的景观设计发展打下基础。

从外地回院之后我先后担任主任、所长、副总建筑师等职务，组织投标了河北省委党校、河北大学、中国矿业大学、中国医科大学等大型校园项目，组织综合能力再次得到显著提升。在北方设计院期间，通过不同设计类型作品的实际操作，我在大型城市公共建筑、居住建筑、教育建筑以及产业园等方面的设计能力得到全面发展，多次获得国家及省优部优设计奖、省手绘建筑画奖、鲁班奖、青年科技奖等。

在北方设计院的时光，让我不断得到锻炼，技术水平实现了由量到质的提升。在这里的充实与收获让我心存感恩，在这里也拥有一群为了一个目标共同奋斗的同事和朋友。虽然后来创业离开，但我还是多次梦里回到北方院，回到那个和同事一起探究项目，彻夜不眠的情景中。

厚积薄发 水到渠成

人到了一定境界，就需要寻求改变。每个人都会有那么一段时间，需要停下来思考工作和人生的意义。在建筑设计中取得的成绩，对建筑行业如何运作与日俱增的好奇心与探索精神，不断促使我改变现状，寻求建筑领域更大的突破。在经过深思熟虑后，我在2007年辞职，创办河北大成建筑设计咨询有限公司。如果说在北方设计院积累了经验，那么创办大成公司则是对我的一个全新的考验。从一开始的一无所有到现在将近两百人的设计队伍，让我感慨良多。

由于前期的积累，创办大成仿佛是水到渠成。公司成立之后，在团队的共同努力下，我们很快步入正轨。创业初期对我的考验，有理论水平的提升，有交往人群的变化，有项目类型的转变……一位名人这么说过：决定成败的，不在高处，在洼处；不在隆处，在平处；全看人能不能在棘手之处耐得住寂寞。大成成立之初，我也经历了一段心理调适期，接手的以小项目为主，这时候心理会有落差。这时更要扎扎实实地不受外界影响，不急不躁，全身心投入，只管付出，不问结果，把当下的项目做好。

经过十余年的发展，大成设计现在成为河北省知名企业，设计项目数次获得国家级或部级优秀设计奖，省优设计奖、市优设计奖、鲁班奖等，获得良好的社会反响。大成设计发展成一家多元化、全方位，拥有国家建筑行业（建筑工程）甲级，风景园林、城乡规划、人防工程、工程咨询等多项设计资质的公司，设计作品遍布河北、北京、上海、河南、山东、四川等地。业务范围覆盖了公共建筑、居住建筑、工业建筑等诸多方面，在多个领域建立了良好的声誉并拥有广泛的客户群体。先后与恒大、万达、融创、保利、绿城、远洋、天山、荣盛、勒泰、

岳　欣○

安联、国源、华银、亿源、盛世、娃哈哈、河北建工、河北出版传媒集团、南海地产、赛格集团等国内外知名企业建立了战略合作伙伴关系，同时与国际一流的设计同行开展了卓有成效的合作。

随着社会的快速发展，建筑形式也在不断更迭，城市建筑更是迅速成为一大景观，甚至成为一个地区的名片。建筑在每个时代都有不同的特点，以它独有的优势见证着时代的发展变化。从功能型需求到现在追求功能、生态、人文多维度协调发展，形成国内外多种文化艺术形式相融合的建筑风格体系，大成设计也在城市建设发展过程中留下一座座经典：集会议、展览、演艺等为一体，河北省最大的单体公共建筑石家庄国际会展中心；集办公与生产车间为一体，利用单元式处理要素的大量重复，形成震撼的建筑视觉冲击力的强肝胶囊生产基地综合楼；以数字印刷中心、综合楼及厂房以地块南北向中线为轴线对称布置，最终形成“两区”“一轴”的规划结构的河北数字印刷产业园（石家庄基地）；留出大量景观绿化广场用地，连接主入口和图书馆的主要景观轴线以及两边对称布置的河北财经学院扩建工程；石家庄文化中轴线一侧的重要建筑，成功与博物馆、图书馆、融为一体的五方中心；中国汽车服务行业的创新模式，一站式、不夜城、文化园、休闲地中国正定国际汽车文化产业园；“一核十区”的总体结构布局，按照新都市主义的城镇规划理论，实现真正意义的产城融合一体的京涞产业新城·复合社区样板展示区及一期工程；为重灾区村民的返迁安置房，集中景观绿地邢台经济开发区7·19洪灾灾后重建项目；以“取景和融景”为设计理念，采用典型的法国皇家宫邸建筑风格，生态景观与法式美学建筑完美融合，结合山居文化景致，充分展示出法式建筑的魅力所在的酒店改造项目涞水天鹅湖酒店；新古典主义风格，将建筑空间与景观设计融为一体的健康生态社区奥北公元；中国传统居住理念及文化，借鉴中国传统山水水墨画意境，四合院及徽派建筑的四季御墅；采用庭院式布局方式，形态鲜明的地标性建筑海纳尚峯峰；新建石家庄动物园熊猫馆，设计力求建筑与环境、形式与功能、意境与手法较完美地融汇在大熊猫的自然生活环境中，成为人造景观的典范，熊猫主题形象更为明确，可识别性更强……

建筑是一种语言，它穿越时间的长河，诉说着不同时代人们对空间、对审美的要求；建筑是一种技术，它凝结着每个时代的劳动成果，代表了当时最先进的生产力；建筑是一种交流方式，是人与空间、社会与自然的交流，通过对各个关系的处理，达到城市与自然的和谐共存。当一个个项目在城市中拔地而起，建筑、城市和人一样，就有了生命与活力，它饱含着人们不同时期的希望与期待，让城市面貌发生日新月异的变化，大成设计也以一己之力推动着社会的变革。

博学笃行 集于大成

生命一定要有所热爱，它可以让我们全身心全方面投入。出于这种热爱，忠于这种热爱，则会驱动人们不断为它付出。在我看来，这也是对岳家祖训“忠”的一种体现。忠于对建筑学的热爱，外祖父、父亲、我、孩子，一代代人投入到建筑学的学习与研究中。对建筑学的热爱，让我的人生充满机会和挑战，让我能不断充实自己，提升自我，也常常给我带来惊喜与收获。

通过自身扎实的功底和不断学习，1997年我成为全省唯一的一次性通过国家一级建筑师考试的建筑师，2005年获天津大学MBA工商管理专业硕士学位。随着实践经验的积累，建筑理论水平不断提升，我不断思考建筑与城市发展、时代发展之间的联系。在研究建筑、投身建筑的过程中，我对中国传统文化，南北建筑文化有了更深的感悟。近年来，对国外文化的学习与研究，更让我对中西建筑文化有所理解，也逐渐形成自己的理论体系，并先后撰写或发表《建筑设计风格流变与表现技法研析》《商业综合体设计实录》《建筑设计新理念与新技术探究》《当代社区中心建筑设计》《现代建筑设计的理论与技巧探究》多部计百余万字的专业学术著作和文章，并付诸实践；在《建筑技艺》《华中建筑》等核心期刊发表《城市、文化与建筑的和谐交融》《城市更新视野下建筑古今交叠的设计态度及策略探讨》等13篇论文，对建筑文化进行探讨；参编《绿色建筑设计标准》《复合保温板应用技术规程（HFS系统）》等工程建设标准（6部）。

理论结合实践深入研究，知行合一。理论的创新让我在技术上开拓创新，不断探索，勇于领先。设计的大型城市超高层综合体（东海大厦1994）、百米高层住宅（广安大厦1993）、智能化建筑（阳光大厦1995）、大型剧场观演建筑（一宫综合改造1995）、大型会议展览（石家庄国际会展中心2014）在当时均属于时代弄潮儿，技术上形成独到及领先之处。

“古今之成大事业、大学问者，必经过三重境界。第一境界：昨夜西风凋碧树，独上高楼，望尽天涯路。第二境界：衣带渐宽终不悔，为伊消得人憔悴。第三境界：众里寻他千百度，蓦然回首，那人却在灯火阑珊处。”因对建筑的痴迷，我立志投身到这个行业中，从独上高楼，在建筑设计行业上下求索，历经多年实践的锤炼与积累，终能有所感悟，蓦然回首之时，依然要回归初心。

随着在建筑界的影响力与日俱增，我也积极致力于建筑咨询、城市规划、建筑设计、景观设计等建筑相近领域的一体化设计，为城市整体面貌的提升做出自己的努力。

何镜堂大师对我影响颇深，他曾说，我们应把社会的大效益放在第一位，建筑师应以整个社会为最大业主，这应该是每一个建筑师的追求。建筑师要承担起对社会的责任。建筑学是一个包罗万象的社会体系，通过担任大学特聘教授等社会职务，如石家庄铁道大学硕士研究生导师、河北工程技术学院建筑学院特聘教授、河北省及石家庄市工程勘察设计咨询业协会副会长、市政府防灾专家，承担更多社会责任，积极参加邢台2016重大洪涝灾害的灾后设计工作，资助石家庄市救助管理站公益活动等，把自己的所学所得，传承给更多人，让更多人投入到城市的发展与建设中来。

集大成者，学能专且恒，记能准且久，辨能醒且独，行能德且益，悟能新且明，著能精且透，融成而贯通。集大成者，不仅是指所得所学要集于大成，个人品格要集于大成，集于大成更是一个从不停歇的奋斗过程。登高山之巅，仰观宇宙变化，俯察世事浮现。建筑学界犹如一座座高山，等待我去攀登翻越，而我定当致力于做建筑设计的集大成者，在人生道路上不断奔跑，以不负此生。

石家庄市人民会堂

建设地点：河北省石家庄市
建筑面积：8万平方米
竣工时间：2001年

该项目是一座集大型剧场、会议、办公娱乐健身、综合球类场馆、餐饮等多种功能于一体的大型综合性现代化建筑。它位于石家庄市中心，地处石家庄市政府对面，面朝宽阔壮美的人民广场，背倚秀丽幽静的长安公园，是一座富有浓浓时代气息以及文化品位的建筑。

石家庄国际会展中心

建设地点：河北省石家庄市正定新区
建筑面积：26 万平方米
设计时间：2008—2012 年
合作单位：伍兹贝格建筑事务所、中元国际工程设计研究院

本项目的灵感来自于纺织品的结构概念，尤其是将线条的交织方式形成结构，该理念来自于石家庄重要的历史背景——纺织业，它曾为石家庄带来重大的经济繁荣。方案的所有层面，从宏观总体规划直至微观的形体、立面和景观设计，保证了使其成为新城市和谐统一的整体。

洛阳国税大厦

建设地点：河南省洛阳市
建筑面积：4 万平方米
竣工时间：2002 年
获奖情况：部优设计一等奖、中国建筑工程“鲁班奖”

项目位于河南省洛阳市，总建筑面积 4 万平方米，地上 19 层，地下 2 层。设计兼顾了办公与宾馆的建筑特点，注重现代技术与传统文化相结合，通过对中国传统密檐塔形式的充分探索，利用现代建筑技术，将两个八边形平面进行组合，塑造出现代建筑造型。内部空间设计合理，高低错落，体型丰富，韵律感十足。精心的设计创造出了独树一帜的标志性建筑。

东海大厦

建设地点：河北省石家庄市
建筑面积：11 万平方米
竣工时间：2001 年

项目位于石家庄市建设北大街，用地属于南北长、东西短的狭长地段，设计难度较大。此项目为河北最早的超高层综合体项目，包括两个塔楼和裙房，功能分别为星级酒店、住宿、会议和商业综合体。

结合地形形状，两个塔楼均采用三角形造型，不仅与总图平面相结合，同时合理地解决了平面功能问题（如通风、采光、各种车流和人流的交通问题），建筑体量上相互呼应，形成了高低错落的双子塔效果。设计大胆采用玻璃幕、石材、铝板等新型材料，形成大尺度的对比，同时在设计中强调各种功能的相互协调，以及各种尺度和谐统一的效果。

每当落日余晖洒落在三角形的弧面上，都会产生一种强烈的颜色渐变效果，成为城市绚丽的一景。

阳光大厦

建设地点：河北省石家庄市
建筑面积：6 万平方米
竣工时间：2000 年
获奖情况：部优设计一等奖

项目共分为两期，一期设计简洁大气，是石家庄最早的智能化大厦，包括办公自动化及能源管理自动化，二期设计增加了游泳池、保龄球馆、餐厅等附属功能。阳光大厦是河北省当时功能最为齐全、级别最高的宾馆建筑。

设计兼顾办公与宾馆特色，意识超前，大胆采用新技术，如中空玻璃幕墙等节能环保材料，造型大气简洁，成为标志性建筑。另外在设计中巧妙地利用了不同功能之间的高差，形成了裙房高低错落丰富的群体效果，并且利用平面的转折，与一期形成了围合关系，相得益彰。

石家庄新火车站东广场景观提升

建设地点：河北省石家庄市
建筑面积：134 万平方米
设计 / 竣工：2014 / 2014 年

新火车站东广场设置有丰富绿化，以满足人们等待、休憩及交流的需求。景观设计注重乔木、灌木的结合，在树阵中穿插布置建筑小品，为人们提供休憩的场所。广场与景观设计尊重地形地貌，避免破坏水土；并种植当地植物，维持原生态设计。注重景观设计的层次感，植物色彩的搭配，遵循四季皆有景的种植原则，达到“春季看碧桃，夏季观紫薇，秋季赏红枫，冬季品青松”的目的。

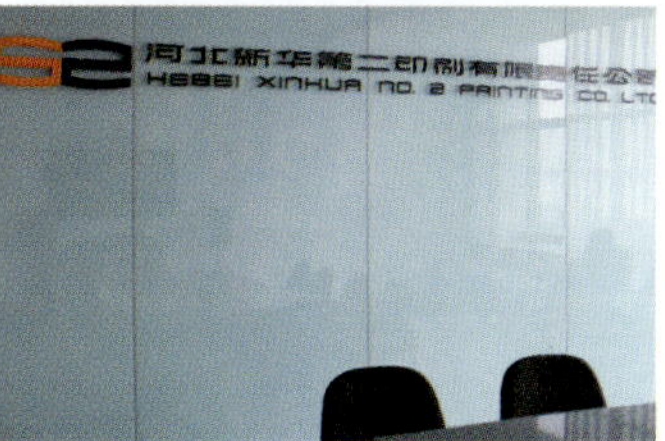

河北数字印刷产业园（石家庄基地）

建设地点：河北省石家庄市
建筑面积：5.2 万平方米
设计 / 竣工时间：2011—2012 年 / 2014 年
获奖情况：2016 年度河北省优秀工程勘察设计行业奖二等奖、2017 年度河北省优秀工程勘察设计一等奖

综合楼及数字印刷中心位于地块北侧沿南车路布置，功能包括数字印刷中心、特种印刷中心、数字制版中心、办公综合区、市场营销、业务接待、职工食堂、单身宿舍、多功能厅等，为厂区的生产、生活提供了重要的保证。综合楼及数字印刷中心整体呈对称式布置，楼前借助城市绿化带形成宽阔的广场，显得庄重、气势恢宏。本区域靠近城市主干道，便于人流出入，同时形成独立体系，方便生产和生活。采用新型建筑技术和材料，以简约现代风格为基调，强调整体造型的简洁及雕塑感，以烘托现代、高科技的环境气氛。在严谨的构图中，塑造出新颖、独特的空间造型，使整体建筑体现出独特的现代工业建筑美感。数字印刷中心与综合楼建筑外墙采用白色涂料，简洁、大方。建筑群体以长方形为母体进行有机组合，形成鲜明的横竖对比，同时通过虚实对比的手法，丰富建筑立面，使建筑物“简”而“不单”，充分展现了现代高科技印刷企业的建筑形象。

河北数字印刷产业园

建设地点：河北省保定市

建筑面积：11 万平方米

设计/竣工时间：2013—2015 年 / 2015 年

获奖情况：2015 年度住房和城乡建设部“金拱奖”——建筑设计创新奖。

本项目综合楼及各车间厂房依照中央大道进行布置，最终形成“两区”“两轴”的规划结构。其中“两轴”是指厂区中央大道，综合楼、图书印刷中心、特种印刷中心等生产设施、仓储设施沿中央大道左右布置。同时沿中央大道设置入口广场、绿化带、花坛等景观。400 多米长的中央大道，充分彰显了企业的实力和豪迈。

五方中心

建设地点：河北省石家庄市
建筑面积：6 万平方米
设计 / 竣工时间：2012—2014 年 / 2016 年
获奖情况：2015 年度住房和城乡建设部“金拱奖”—— 建筑设计金奖、2018 年河北省优秀工程勘察设计一等奖

“五方中心”的完成标志着石家庄经济文化中心区域的整体落成。根据项目位居城市文化中轴旁的城市特征，建筑立面从空间上与相邻图书馆、博物馆保持了连续性。从城市人流动线分析，这种肌理的延续保持了城市空间视觉的完整性，这样的建筑策略延续和加强了城市设计的思想。

奥北公元

建设地点：河北省石家庄市
建筑面积：106 万平方米
竣工时间：2014 年
获奖情况：2016 年度河北省优秀工程勘察设计行业奖一等奖、2017 年度河北省优秀工程勘察设计二等奖

总体规划将建筑空间与景观设计融为一体，本着以人为本、以活动为中心的原则追求居住、商业、绿化、空间之间的互动，使住宅社区、文化娱乐区、各类户外休闲娱乐空间有机融合在一起，营造出生机盎然的健康生态社区。根据回迁住宅的特点，结合景观地形灵活布局，合理组织内部功能空间，平面紧凑。在有限的面积内，户型设计精益求精，尽可能扩大客餐厅和卧室面积，适当增加厨房和卫生间开间尺寸，有效组织空间，充分考虑居民的生活习惯，设计出经济合理，功能齐备，采光、通风和朝向良好的住宅体系。设计采用新古典主义风格，摒弃“欧陆风”的生硬复制和现代简约的粗糙，通过三段式立面处理创造出高大挺拔的建筑形象。

邢台市第一中学新校区

石家庄对外经贸学院（已建成） | 育红北小学改扩建（在建）

邢台市第一中学及其他文教类建筑

建设地点：河北省邢台市
建筑面积：18 万平方米
设计时间：2017—2018 年

在当下多元化变革的时代，教育建筑作为教学行为的空间载体，其形态与模式直接影响着教学方式和效果。校园规划应以文化为灵魂、环境为依托、师生为根本，进行科学布局，统筹设计。

新型学校将建立在对新式教育理念的把握和理解上，以“学”为主的空间替代以“教”为主的空间，创造更多鼓励和促进学生集会活动、交流的场所和室内外结合的活动空间，让学生在自然中学习和成长。

在设计上我们秉承中国传统哲学观，并对中国园林文化的精髓加以提炼，努力打造一种校园庭院文化，同时在传承的基础上对建筑空间加以创新，丰富了校园空间，也丰富了校园文化。

石家庄市动物园扩建改造工程——熊猫馆及海洋馆

建设地点：河北省石家庄市
建筑面积：2.3 万平方米
设计时间：2016 年—2017 年

熊猫馆功能分区主要通过大熊猫的展览与饲养两个功能展开。围绕东西两个入口广场布置游客参观区及大熊猫室内展示区，并将宣教区、VR 体验区分布在入口周围，方便使用现代化手段向游客更全面地展示大熊猫。建筑立面借鉴熊猫栖息当地的羌族建筑风格，并进行提炼，以现代手法用简洁古朴的建筑语言体现熊猫馆与大自然的和谐共生，并寻求与周边环境的自然统一。外立面以与周边场馆呼应的蘑菇石为主，给人以自然的感觉。建筑的整体风格亲切自然，体现熊猫栖息地的羌族建筑风格。

海洋馆新馆是在现址旁边的土地上增建的场馆，本项目包含白鲸馆、海豚馆、企鹅馆等三个部分。建筑采用流线型的参数化设计手段，将三个独立的馆完整统一到一个整体中，让建筑达到了可分可合的状态，有效地整合了建筑立面，起到了小中见大的效果。

清河羊绒小镇

建设地点：河北省清河县
用地面积：20 万平方米
设计时间：2016—2017 年

在设计上我们依托羊绒市场特色产业经济，以专卖店集聚的形式，打造一条集商业、人文景观、风景旅游为一身的综合性商业街区，一条真正的国际名品街，以简洁时尚的风格元素，在这座古老的城镇里实现传统与现代的完美融合，提升整体的城市形象及产业经济。

定州展园

建设地点：河北省定州市
占地面积：3 800 平方米
竣工时间：2017 年
获奖情况：河北省首届园林博览会“造园艺术综合奖金奖”

定州园以“醉美定州，安定之州”为主题，展现定州市历史文化及园艺水平为主要目的，让绿色回归生态自然，让园林艺术走进市民生活。展园与马拉松广场东西呼应，从贡院式大门入口进入后是定瓷展馆，展馆西侧是自然式水系，水系上是一座九曲桥，与西侧入口苏轼雕塑相连接。园区南侧是文化展墙，展墙为定州书卷的形式，以定州的历史为时间轴展示定州文化。园区北侧微地形最高点为 1.2 米，山上是一座雪浪亭，雪浪亭里面有一座雪浪石，结合周边的植物形成“众春园庶”的景观。

郝卫东

1968 年 9 月出生于河北省邢台市；1990 年毕业于华中工学院（现华中科技大学）建筑学专业，获工学学士学位；1990 年至 2002 年在河北省建筑设计研究院历任建筑师、主任建筑师、总建筑师助理、副所长、副总建筑师；2002 年至今担任北方绿野建筑设计有限公司董事长、总建筑师。

社会任职

中国建筑学会资深会员、中国 APEC 建筑师、《新建筑》杂志理事、河北省注册建筑师管理委员会委员、河北省工程勘察设计咨询协会副会长、河北省土木建筑学会副理事长、石家庄勘察设计咨询协会副会长、石家庄市勘察设计咨询业协会建筑分会主任、华中科技大学研究生校外导师、石家庄铁道大学建筑与土木工程领域研究生导师、河北师范大学硕士专业学位研究生导师、河北科技大学硕士专业学位研究生导师、河北建工学院研究生导师及客座教授、河北工业大学客座教授。

主持工程情况及荣誉

河北省建筑大师、1995 年中国建筑师学会青年建筑师奖获得者、中国勘察设计协会优秀设计企业家称号获得者、河北省建设行业优秀设计企业家称号获得者。

主持工程：河北师范大学新校园总体规划及单体设计、河北医科大学图书实验综合楼、河北医科大学教学主楼、河北医科大学综合楼、河北医科大学第一医院精神卫生中心暨门诊住院大楼、河北中医学院综合楼、河北理工大学图书馆、河北化工医药职业技术学院综合实训中心、乐仁堂河北生殖健康中心、怀特文化中心、广西北海火车站、北京河北建设大厦、石家庄春江花月、邢台阳光国际、秦皇岛上城·汤廷、上海上实华苑等。

学术观点

从业 30 多年来，逐步形成了个人设计哲学，认为建筑必须稳定地植根并融合于其所在的土壤与环境；建筑是政治、文化、经济的载体；建筑具有教育的价值与功能；建筑的高度是哲学；建筑的实质是空间；建筑的形式是其精神的传达；建筑的气质是功能组构后的品质表现；建筑创作源于建筑师的思想高度，源于建筑师对项目目标的深切理解，源于建筑师对项目做出审慎思考后的专业描述；任何不负责任的创意都是对建筑师职业的亵渎。中国的老祖宗给子孙留下了大量的文化遗存，我们也有责任做好我们的当下，给后代做出榜样，并让他们把责任与文化传递下去。

单位评价

郝卫东大师是河北北方绿野建筑设计有限公司的灵魂及领军人物，有极强的领导力、敏锐的洞察力和出色的判定与决策力，有强烈的社会责任感、使命感和广泛的社会影响力，提出并率领公司员工践行责任实现可持续价值、用心建筑未来的经营理念。

他有着扎实的理论功底和突出的创作能力，除挂帅担纲公司一系列重点项目的方案创作外，还在多所高校担任校外导师工作，在自身取得卓越成就的同时，为团队创造了充分的拓展和提升空间，不断把公司带入到一个个新高度。

郝卫东大师方案创作中所体现的时代高度与远见令人信服，实施过程中的严谨、细致、精益求精的工作态度更是令人感动，其完成的诸如河北师大新校区、鹿泉智慧城市中心等一系列项目都为理性建筑设计起到了很好的引领与示范作用。

郝卫东 ○

建筑之缘

时光总是匆匆，儿时的记忆尚似昨日，今日人生却已半百。那些年，那些事，那些人，无一不烙入我的生命。煮一杯老茶，以键盘代笔，从人生记忆的起点再度出发，回眸来时的路。

我出生在河北省邢台市，不到一岁时因父母工作需要，被送到黄壁庄水库边的一个小山村，在那里跟着姥姥姥爷长到六岁，我的人生启蒙也因此来自两位老人。这段经历让我体会并学会了庄稼人的勤奋、耐劳与善良。村北一望无边的水面、村南苍凉的南山，当然还有那无垠的麦田，如画般凝固在少年的心田。

六岁时我回到父母身边，回到邢台这个陌生的城市，在这里一个驻足便是 11 年光阴，也恰是我从小学到高中的基础教育时间。父母是当时为数不多的大学毕业生，也是少有的开明家长，不似大多数同龄人，从小我从未被父母打过。父亲兼有开朗与严肃的双重表情，爽朗的笑声极具感染力和亲和力，但严肃起来时也是不怒而威。父亲与我亦父子、亦师生、亦朋友。上大学后，每每与父亲聊天，常常可以聊到凌晨两三点。大学时代父亲总是不时地写信给我，每封信都有不同的主题，当这些信集合在一起时，我才明白父亲是通过信件的方式给我系统的人生教育。母亲是一个寡言少语的人，总记得我晚归时，母亲站在家附近的路口，望向我来的方向，待看到我时即转身回返去给我热饭盛饭。大学时我学会了抽烟，每次返校，母亲总是背着父亲，偷偷地装上两条烟给我，也嘱咐我少抽烟，抽就抽点好的。正是父母爱的方式的不同，我从他们身上既学会了严谨与豁达，又学会了奉献与善解人意。

我在中学的成绩一直很好，在高考模拟考试后，一部分高校便开始到学校里提前摸底、找成绩好的同学谈话，做录取前的推荐工作。我有幸被大连理工大学和华中工学院（现华中科技大学）两所大学看中，填写了两所大学的推荐信。华工提前来招生的宋老师到我们家来做工作。那时我们家住在一个四合院里，我自己住在西厢房，房间墙上贴满了我随心写的和画的，这些竟然成了我学建筑学的起因。看到这些涂鸦，宋老师强烈建议我去学建筑学，而我于建筑学可谓是一无所知。在填写志愿时，我自己做主，填写了另外两个专业，那时的志愿只能写两个专业，之后只能选择是否服从分配。父母看到我填写的志愿后，有些不快，为此打电话向宋老师请教，宋老师建议在是否服从分配一栏写上建筑学，我也只好就范，我的建筑之缘也从此开始了。

正是对建筑学的一无所知，我在接到录取通知书、看到被建筑学专业录取时，很是不快，这种情绪一直到很久后才消散。于是乎就有了入学报到后，我第一时间去了系里，向黄兰谷先生提出了调专业的诉求。黄先生当时跟我讲了两句话，第一，很多学生都渴望学建筑学，第二，想改专业那要等到一年后。随着学业的展开，慢慢地我发现建筑学与我认知的竟然大相径庭。在一年级临结束时，黄先生再度问起我转专业的事情时，我表现得非常羞愧，至今我还记得黄先生脸上那有些得意的笑容。

那时建系时间不长，我们班是系里的第五届，全系只有四个班的规模，老师们包括系里的后勤人员几乎全能叫出每个同学的名字，各年级之间也都大多认识，系里真的像一个大家庭，我们与大多数年轻教师既是师生，更是朋友和哥们。当时的李保峰、李晓峰、李勇、黄涛、李刚等老师，常常与我们玩在一起，这对学生的影响无疑比今天要大很多，学生在课堂内外学到的东西也多很多。年轻的老师们常常到我们学生的宿舍来，当然我们也是教工宿舍的常客。高年级的师兄与师姐常常出入我们低年级的专业教室，给予学弟学妹们很多真诚的指导，我们也会常常溜到高年级教室去，看师兄师姐画图。那时年级间界限很是模糊，这对专业的学习无疑非常有益。也正是有这样的氛围，毕业多年后，无论在哪里见到大学的老师、同学以及学友们，都会非常亲切和激动。

系里经常请国内外的大家来讲座和交流，学生们也会经常与这些大家们在宽宽的走廊中相遇。我还在大二时也就是1987年，系里组织了柯布西耶百年纪念活动，我们班有幸参加了布展。当时系里的展廊墙面贴满了柯布西耶以及部分其他现代建筑大师的作品，展板以黑白色调为主，甚是震撼。活动开始后，全国各地的建筑业界、学界的很多大家来到系里，举办了很多场的报告，并进行了学生指导以及师生交流活动，系里热闹非凡。来参会的有建筑教育学家如侯幼彬、陈志华、罗小未等先生，设计界的年轻才俊如布正伟、向欣然等，期间有分享更有争论，让尚处入门的我们大开眼界。记得当时为仿古建筑的话题，陈志华先生与向欣然言辞非常地激烈，陈先生坚决反对假古董，认为那是文化的倒退，自然向总也剑拔弩张。陈先生的观点让我非常地受益，甚至影响了我今后的建筑观。纪念活动结束后撤展时，我们不少同学收藏了来自国外的展览图片，当宝贝收藏起来，我的那几张至今还保存在我的家里。

学中国古建史时，童鹤龄老先生做主讲。既有幸也不幸地，我被童先生选作了他的课代表。大家都知道，童先生的脾气很大，所以当课代表时，我总是小心地伺候着。当时课堂上需要放大量的幻灯片，因此每次课前我的任务便是把诸多的幻灯片按课件的顺序放入幻灯播放盘里，除去顺序，幻灯片的方向也必须一一检查。老式的幻灯机常常出现卡片子的问题，这是作为课代表最紧张的时候。记得有一次上课时，幻灯机卡了，为不使幻灯片受损，我使出了浑身的解数，期间还不断地偷窥老先生的脸色，唯恐脾气暴戾的先生突然发起飙来。好在整个学期下来，童先生非常给我面子，竟然没有对我这个小课代表发一次火，当然这也得益于我们平时对童先生的尊重。当时童先生一个人住在学校安排的住所，我们一批同学常常在课后去到老先生那里，会帮他做些事情，陪他聊天，听他讲故事，从中我们了解到了一个老建筑学人的艰辛。

大四时，我们开始学习规划，并做了一个武汉棚户区的真题规划课程作业。我们一组人马有一段时间，天天要到项目所在地去做调研，挨家挨户地去了解情况、测面积和绘制平面图。那个棚户区卫生条件非常糟糕，居民房子的质量也非常地差，每户居住面积更是小得可怜。记得有一户人家见到我们说起房子的事情竟然哭了起来，他家与邻居只隔着一层薄薄的木板，隔壁家里的男孩竟然破墙而入，祸害了他家的女孩，我们听到后极其震惊。那次调研，让我们开始懂得建筑设计与社会的关系，建筑原来于老百姓是如此重要，建筑设计应该为人而服务。

大四毕业设计前，我们组走了一趟丝绸之路，由施老师带队，我任组长。从武汉出发，我们去了麦积山石窟、西安、西宁、兰州、武威、张掖、酒泉、敦煌、嘉峪关、吐鲁番、乌鲁木齐等地，历时40天。一路上住最便宜的旅社，吃各地最具特色的小吃。我记得全程自己花了不到900元，这在当时已经足够奢侈。为了省钱，我们每到一处，选择客房时，会给带队老师选一个带卫生间的房间，这样大家可以轮流去洗洗澡，我们学生则住普通房间或者打通铺。在敦煌县城，为了省钱，我们请酒店的经理帮我们找了很多自行车，大家享受了一把骑行的莫高窟之行；在吐鲁番，凭借年轻力壮，我们爬一步滑半步地竟然爬上了火焰山顶；穿过祁连山脉时，感受到白雪茫茫、渺无人烟的荒凉；在塔尔寺领略了宗教信仰的力量；在西宁参加了回民的婚礼；在嘉峪关城台上把老师蹭得求饶……当我们带着来自异域的葡萄干、英吉沙刀等回到学校，可想而知迎接我们的是怎样一种艳羡。

1990年临近毕业，到哪里工作是必然面临的问题。父母希望我回到邢台，而我个人认为邢台是一个小城市，甚至可能影响一个建筑师今后的发展，因此想到石家庄工作，这样既离家不远，又能够有一个相对大的发展空间。在那个年代，信息相对闭塞，不似今天的网络时代，通过百度便可获得很多信息。在一期《建筑学报》上，我看到了河北省建筑设计研究院徐显棠先生关于唐山陶瓷展销陈列馆设计的文章，不久后又在曾昭奋、张在元主编的《当代中国建筑师》一书中再次看到徐先生的名字，于是萌生了到省设计院工作的强烈意愿。于是乎，在1990年的春节前我只身来到了省院找工作。第一次进省院，幸遇了崔道汝院长及李拱辰老先生，本想能够见到徐总，可惜那一年徐总去了深圳。少不更事的我，竟然占据了李总一个上午的时间，介绍自己并诉诸自己的愿望。当时主管人事的是张敬堂院长，为有一个明确的说法，在人生地不熟的城市，我竟然找到了他家，可惜院长出差了。后来知道那一年省院没有进人指标，幸运的是院长们专门去厅里要了指标，成就了我进入省院的愿望。

1990 年 7 月中旬，我报到正式成为省院的一名设计人员。那一年，设计行业很是萧条，刚去时，被安排到图档室帮忙整理图纸档案。几个月下来，通过图纸档案信息，我竟记住了很多前辈们的名字，也熟知了当年省院很多优秀的设计。在 1991 年，我借阅了徐显棠先生设计的劝业场、李拱辰老爷子设计的唐山抗震纪念馆等项目的设计图纸，认真地学习了很长一段时间，当年的学习笔记至今仍保留着。

省院是我职业生涯最骄傲的选择。跟着徐总做北戴河保二路项目是我作为建筑师的良好开端。在去往秦皇岛的火车上，徐总指导方案的情景至今仍历历在目；在李总的指导下，石家庄长安公园、北海火车站、上海上实华苑等项目让我从一个毛头小伙成长为有职业素养的建筑师。12 年的省院经历，一批志同道合的建筑师也成了我一生的朋友，从胡翌兄那里学习到了做实施设计的严谨，与郭卫兵、孔令涛成了“建筑师发小”……

从 1993 年到 2000 年，省院在北海、三亚及上海等地建立了分院，那段时间我便成了空中飞人，经常往返于分院和本部。也正是那段时间，我们开始与国内大型设计院有了深入的合作甚至竞争。通过同台竞技，我们锻炼了能力，几个项目的投标中标也极大地提升了自己的专业自信。期间，我也有幸和两家国际团队进行了深入的合作，通过合作，学习了解了国际事务所的设计素能及管理模式。

1995 年我有幸获得了中国建筑学会青年建筑师奖，1999 年被破格晋升为高级建筑师……省院 12 年的历程，让我从青涩走向了成熟。离开省院多年后，回忆起那段时光，总是感动多多。

我的婚姻也基于建筑。1992 年春天，岳母陪领导到我办公室来，因着一楼门厅的橱窗里我的照片，才有了我与爱人的见面。当时我主持的长安公园西大门刚刚施工完成，那里竟然成了我们约会的地方。从此，不管是去逛街还是去旅游，陪我看建筑成了夫人的一种习惯。

2002 年我因个人意愿，离开了省院，进入我今天的团队。用心建筑未来是我给团队的座右铭，老先生们当年的教导，成为我带团队的方向。我带着团队从住区项目开始，至今我们的设计涵盖了规划、景观、室内多个领域，项目也由住区为主转向了教育文化与医疗养老等公共建筑方向。

经过 2 年的准备，我们正式进入市场。对于民营设计企业，当时的市场接受程度还很低，因此我们选择了住区项目作为起步。随着路劲蓝郡、春江花月等项目的完成，我们开始赢得地产市场的青睐。曾经有一段时间，来谈项目合作的公司一个接一个。以石家庄为例，当时二环内的多个城中村项目都来与我们谈过合作。一段时间下来，我禁不住惶恐了。如火如荼的城市中心建设，我们到底能做多少？能做好多少？我当时意识到以如此短平快的速率，我们作为设计团队，可能会给城市制造很多的垃圾。经过 2006 年一年的痛苦思考，我们选择了重新定位，我们开始将设计方向定位于教育文化等公共建筑方向。

2006 年我带着团队参加了河北师范大学的投标，非常幸运的是我们在投标中全票胜出。之所以能够胜出，核心的原因是我们对师大历史与老校园文化的深入探究。当时我提出 “百年校园、现代书院” 的理念，由衷地希望大学在一次次的搬迁重建中能够有一些东西留下。为此我们将老校园灰色的氛围、多种的院落以及老校园有历史记忆的片段如经年的老树等纳入到新的校园中。在当时，一个民营设计企业拿到一个完整的校园设计项目实属少见。记得学校通知我们正式启动校园建筑设计时，我去到蒋春澜校长办公室时的豪情，“我今天是带着项上人头来见您，新校区建设不好，这颗头就交给您了”。经过 11 年的努力，现在整个校园已经基本建成，获得了学校师生以及社会广泛的赞誉。蒋校长在一次设计行业活动的开幕致辞中的话令我至今深深感动：“校园建设好了是郝总及其团队的成绩，校园没建设好是我学校以及我本人的问题。”正是如蒋春澜校长这样一批有智慧、有担当的业主成就了北方绿野团队及我本人。从设计师大至今已经12个年头了，最后一栋综合楼在本年度末将完成并投入使用，正是十多年的尽心而为，正是有师大如韩春民处长等人的支持与坚持，才有了一个能流传下去的百年师大。

在项目构思和深化中，脑中时时浮现华工校园的影子。四年大学时光形成的对大学与大学空间的体会与记忆，成了设计的重要资粮，秋季雨后梧桐落叶满铺的大道、建筑系馆布满展览的走廊、青年园中或匆匆或安静读书的师生……有人说，人生就是让儿时记忆变得更美的过程。确然，在校园的设计中我开始有了深刻的体会。由此也开始感悟到，大学给予人生的不仅仅是课堂，校园的空间、环境一样有教育的价值。建筑师营造的空间应该是教育不可或缺的重要组成，因此建筑师任重而道远。

从20世纪90年代末，我有幸开始为河北医科大学做设计，从行政楼、教学主楼到新落成的图书实验中心，历时20年的时间。这几个项目都获得了省部级以上设计奖项，之所以能够获奖，离不开医大领导们的信任与支持，图书实验中心项目设计时，校方由闫宝勇校长主抓，闫校长是一个懂建筑、有品位的人，正因为如此，该项目在延续校园风貌并表现建筑当代性方面做出了很好的实践。作为主持建筑师，在本项目中我们实践了景观、建筑及室内的完整统一设计。

离开大学快30年时，李晓峰院长代表母校来到我们公司，我公司正式成为学校实习基地，我也非常有幸成为研究生校外导师。感恩母校，唯愿我的母校越办越好。

当然，我们也遇到了很多有思想、有责任感的优秀合作伙伴，如邯郸城投的王悌总、怀特集团的陈玉信书记、上城地产的蒋向红总、凰家地产的闫士杰总，等等，正是有着相同的理想和价值观，才成就了我诸多的作品。在与合作伙伴合作中，处女座的我常常不像乙方，为追求极致，经常与合作伙伴拍桌子、发脾气，但是正是这些合作伙伴的宽容与理解，才使得很多的项目最终完美呈现，因此我也想借此机会，向所有支持我的合作伙伴们表示深深的感谢。

写到这里，篇幅已经超出自传的要求了，止笔之时，附上我曾经写过的一篇短文，作为结尾。

建筑之缘

感恩父母为我选择了建筑学这个专业，事实证明这也的确是适合我的职业，由于适合、由于喜欢，自己才能够一路坚持至今。

大学时，幸遇黄兰谷、陶德坚这些德高望重的教育家、老先生，幸遇李保峰、李晓峰等亦师亦友的好老师，幸遇一批喜欢建筑的师姐、学兄以及同窗四年的同学们。开明的大学，给予后学开阔的视野，良师的以身垂范悄然融入血液里，感念我的大学。

工作时，幸遇徐显棠、李拱辰、崔道汝等老先生，手把手地把上一代建筑人的修为全然地传递给我。记得做北戴河保二路项目时，多次去往的火车上徐总的耐心改图；记得徐总带我们去看他的项目，让年轻的自己懂得了尺度、材质和质量；记得无数个夜晚与李总挑灯夜战，为一个个项目的完美呕心沥血；记得崔院长时常充满爱意的批评……当然也记得三个建筑师发小，互相抢笔表达各自的想法，建筑成就了我们一生的缘分，记得……我曾工作的省院，是我职业人生的又一所大学。

当我成为一名独立的建筑师，开始领导自己的团队，过去的先生、老师、建筑师兄弟们一如既往地关注并支持着，来自行业的老领导、老大哥们持续给予一个晚辈关怀和温暖，服务了多年的老合作伙伴们坚定地支持着我们的团队，宽容着我的不足，我的团队一直和我坚定地共同努力着，这一切让自己能够坚定地走在建筑师的职业之路上。

感恩我的家人，建筑师的行业特点让我少了很多对你们的陪伴和照顾，感恩你们把一起出游的时间用在了陪伴我去看建筑，感恩你们在我背后的默默付出和支持。

正是因为你们，才有了一个建筑师的点滴作为。

在我的办公室有两样东西，一直陪伴着我的职业人生，其一是当年崔道汝老院长亲自为我们三个建筑师发小拍下的那张照片，其二是徐显棠先生在病中为我书写的笔墨生辉，这是作为一个建筑师的幸福。

从业几近30年，建筑已经刻在了自己的骨子里。虽然没有太多的好作品，但心在那里；虽然市场风云变幻，但专注在那里；虽然做得不容易，但做好建筑师的意志一直在那里。

唯有用心，
用心建筑未来。

河北师范大学新校区项目

建设地点：河北省石家庄市
用地面积：130 公顷
建筑面积：80 万平方米
设计时间：2007 年
建设情况：已建成
获奖情况：河北师范大学新校区公共教学楼荣获全国绿色建筑创新奖二等奖、全国优秀工程勘察设计三等奖、河北省优秀工程勘察设计一等奖、河北省绿色建筑创新二等奖；
河北师范大学新校区主食堂荣获河北省优秀工程勘察设计二等奖、河北省“十佳绿色建筑”；
河北师范大学新校区图书馆荣获全国绿色建筑创新奖二等奖、全国优秀工程勘察设计三等奖、河北省优秀工程勘察设计一等奖、河北省绿色建筑创新二等奖；
河北师范大学新校区理科群荣获河北省优秀工程勘察设计二等奖；
河北师范大学新校区博物馆荣获全国绿色建筑创新奖二等奖、河北省优秀工程勘察设计一等奖；
河北师范大学新校区体育学院荣获河北省优秀工程勘察设计一等奖；
河北师范大学新校区百年讲堂荣获河北省优秀工程勘察设计一等奖

河北师范大学起源于 1902 年创建于北京的顺天府学堂和 1906 年创建于天津的北洋女子师范学堂。河北师范大学历史悠久，桃李芬芳，不仅培养了诸如邓颖超、梁漱溟、蔡振华等各界人士，同时也以“求真知、怀天下”的精神一直鼓舞着师大学子继承和发扬校园传统，努力成为为人师表的楷模。

在新校区的规划设计中，以弘扬百年老校的教育精神，展现学校的文化底蕴为设计构思的出发点，摒弃了当前大学校园规划中流行的模式和语法，在研究表达信息化、生态化、地域化、可持续发展等概念的同时，将延续百年的校园精神、塑造理想的校园环境、树立人文主义思想作为规划设计的核心，注重师生的行为、情感、意念和心理体验——回归中国传统文化，承载中国深邃的文化内涵。新校区规划中融入了现代大学教育理念和校园规划理念，使校园的整体规划既延续历史文脉，又具现代风采。

项目秉承创建“百年校园、现代书院”的规划建设目标，以共享的理念重构校园功能，以可持续的理念积极营造绿色校园，以多种形态、不同开放度的院落构建校园建筑，以灰色为主调统构校园场境，同时植入老校园片段，延续校园记忆与情感。

国际学术交流中心
河北师范大学

河北师范大学

音乐楼

艺术与设计学院

体育楼

河北理工大学图书馆

建设地点：河北省唐山市
建筑面积：1.4 万平方米
设计时间：2008 年
建设情况：已建成
获奖情况：河北省优秀工程勘察设计一等奖

项目坐落在河北理工大学的核心位置，本项目是在旧有图书馆基础上的扩建，设计以尊重现有建筑为出发点。通过设计，新建筑与旧有图书馆成为和谐统一的整体。建筑通过外部凹入的灰空间表达谦虚、内敛的状态，并体现建筑的包容性，同时为图书馆塑造出公共活动平台。建筑色彩方面，尊重校园的主体色调，并取得与其和谐统一的效果。通过多层的空中连廊，与原图书馆连接成为一个整体。

河北医科大学图书综合实验楼

建设地点：河北省石家庄市
建筑面积：6.96 万平方米
设计时间：2015 年
建设情况：已建成
获奖情况：河北省优秀勘察设计一等奖

这个项目是我们完成的一个典型的全过程一体化设计的公建项目。我们在项目立项、总体规划设计、建筑方案及施工图设计、场地景观设计、室内装饰装修方案及施工图设计、家具设计与选型、灯光设计和各阶段施工配合等方面对客户进行了全程化的服务。为把建筑项目一体化地高质量完成，设计团队进行了全方位的努力与实践。建筑采用现代简洁的艺术手法，从室外到室内，从总体到细部始终贯彻了统一的表现手法，给学校师生创造了一个高档次的学习教学空间。

河北医科大学第一医院

建设地点：河北省石家庄市
建筑面积：20.11 万平方米
设计时间：2014 年
建设情况：在建中

该项目位于石家庄市翟营南大街和东岗路交口西北侧，是河北省三级甲等综合医院中最大的单体综合楼，集合了医院主要的门诊、医技和住院等功能。

建筑设计方案由本公司与法国著名的 AIA 工程设计集团共同设计完成，其中借鉴了当今国际一流的医院建设经验，从国际水平视角对医院的功能布局、医疗流程和新技术的应用做了一系列的研究和探索，力求建成一座人性、高效、影响医疗建筑向前发展的新一代医院建筑。

河北医科大学精神卫生研究所

建设地点：河北省石家庄市
建筑面积：1.36 万平方米
设计时间：2010 年
建设情况：已建成
获奖情况：河北省优秀工程勘察设计二等奖

该项目位于翟营南大街和东岗路交叉口西北角，为国家投资的河北省最大的精神科治疗中心。

建筑形体由两侧两个高低不同的梯形构成，中间由玻璃幕墙相连。立面肌理以竖向线条构成，并借鉴健康人脑电流图的曲线，将竖向线条进行变奏，形成建筑独有性格。立面材质使用灰黄色陶板与金属板，形成具有标志性的城市节点。

河北生殖妇产医院

建设地点：河北省石家庄市
建筑面积：6.68 万平方米
设计时间：2011 年
建设情况：已建成

该建筑位于城市五条道路的交叉口，用地形状怪异。

设计通过逻辑推演的方式进行，在合理满足城市规划要求以及不影响周边住区日照的前提下，界定主体建筑的位置；为实现建筑的完整性及区域标志性，建筑拒绝了裙房加主体的方式，整个建筑自下而上一气呵成；为使建筑与城市建立良好的关系，建筑使用水滴形状，并采取了向上切割后退的方式。建筑立面以玻璃及灰白色的金属遮阳片构成，纯净唯美。

鹿泉智慧城市中心

建设地点：河北省石家庄市
建筑面积：3.7 万平方米
设计时间：2017 年
建设情况：已建成

项目位于石家庄市鹿泉区，建筑面积 3.7 万平方米。基地处于太行山麓与华北平原交界处，紧邻抱犊寨风景区。西侧卧佛山形象惟妙惟肖，北侧断崖山气势峥嵘，东侧沃野平坦开阔，风光秀丽得天独厚。

设计提取太行山脉雄伟蜿蜒的山脊轮廓作为设计母题，结合场地自身高差，对山脊轮廓进一步抽象概括，打造“在地建筑”的建筑模式，与周边自然环境完美地融合为一体。建筑主体在主要人流会聚的位置局部降低与地面平接，把人流引导到建筑屋顶，将起伏转折的建筑屋顶塑造成一个 360 度的景观平台，为公众提供一个全新的聚会及休闲场所。结合鹿泉区智慧城市的发展目标，在靠近主要城市展示面的方向设置城市智慧中心。以“大脑”的抽象形式来呼应智慧城市的发展理念。通透的玻璃体量与建筑主体厚重的石材立面形成强烈的对比关系，凸显出建筑的地域性和时代感，形成鹿泉区智慧城市建设的标志性工程。

蒋世国美术馆

建设地点：河北省秦皇岛市
建筑面积：1 496 平方米
设计时间：2011 年
建设情况：已建成

蒋世国美术馆是秦皇岛市进一步提升城市文化品位，营造城市文化艺术氛围的重点项目之一，美术馆位于北戴河联峰路中段，怪楼奇园西侧。该项目周边还有国家画院北戴河分院、河北画院北戴河分院，具有相当浓厚的艺术氛围。建筑平面采用“九宫格”的平面布局方式，中间围合内部庭院，围绕着庭院组织建筑的各个功能用房，对建筑每层不同功能的厅进行设计，来构造多项复合空间。建筑体量与周边环境紧密结合，建筑以红砖为主要建筑材料，在框架结构的内外均以过火砖砌筑。设计力图营造出自然质朴的感觉，实现清晰真实的建筑表达。窗洞的开合，四个面的传承，看似无序的窗洞揭示了隐藏在表皮形式背后立体主义的秩序。让不同角度的阳光照进室内，结合室内空间的复合，营造室内空间的趣味性。

怀特文化中心

建设地点：河北省石家庄市
建筑面积：3万平方米
设计时间：2010年
建设情况：已建成

怀特文化中心位于石家庄市槐底村，是一个集文化活动、体育健身、休闲娱乐、文艺表演等功能于一体的大型文化建筑群。

主体建筑位于场地东侧，由文化活动中心、体育馆、剧场三个主要功能组成。方案采用现代的设计手法，通过一条闭合的曲线构成建筑的主体形态——“三叶草”。佛堂、老祖堂、基督堂、儒家学院和婚礼堂分别形成一个个独立的单体建筑，分散布置在怀特文化广场内，星罗棋布，构成丰富的城市空间。

立面采用模数化的设计手法，通过不同尺度的开窗结合石材外墙的凹凸变化，构成一组具有动态视觉效果的建筑群落，充分展示出建筑的文化属性。

河北省体育馆外装改造

建设地点：河北省石家庄市
建筑面积：1.4 万平方米
设计时间：2009 年
建设情况：已建成

河北省体育馆坐落在省会石家庄中心地带。原设计由国家级设计大师徐显棠先生主持，项目建成后成为当时大型体育观演类建筑的范本。但是随着时间的推移，建筑面临着材料老化，功能发生改变等一系列问题。考虑到该建筑为 20 世纪典型的具有广泛影响力的大师力作，因此设计策略上提出，尽最大努力再现原建筑的立面及细节，并通过技术手段提升建筑安全性。

非常有意思的是，在建筑使用三十几年后，我作为徐显棠先生的学生，带领团队，历时几个月时间完成设计。本建筑改造完成后重新散发出新的光彩，并得到徐显棠先生高度的认可。

春江花月

建设地点：河北省石家庄市
建筑面积：25 万平方米
设计时间：2004 年
建设情况：已建成
获奖情况：河北省优秀城市详细规划编制成果评选一等奖、中国房地产开发模式典范“精品住宅示范项目”、河北省十佳节能优秀楼盘、河北省优秀规划设计金奖、河北省“十佳绿色小区”、石家庄市优秀工程勘察设计一等奖

历史场景为架构核心——并以之为线索展开，尝试将历史场景与新的城市更新相融合。设计保留了基地中部贯穿南北的原有道路和沿路大树，使之成为社区构成新体系中的一部分，并形成高层与联排之间的视觉屏障。

对接汽车时代的到来——本项目是河北第一个实现地库 1：1 配置的示范社区，全面实现了人车分流；地面最大化、无阻滞地提供给居住者使用。

高低密度相融合——两种不同的居住业态并置，通过低密度业态的植入，消除高层带来的住区压力感。

中国意象的形式塑造——汲取传统营造的色彩体系，以黑白灰统构社区，低层更是以片状屋面形式抽象表达传统营造，在统一控制的同时，大胆使用部分红砖增强社区活力与温暖感；植入水系，柔化社区景观并回应人对自然的心理需求。

多项技术的使用——主动性导入太阳能技术、中水处理技术、地库技术集成、外墙外保温与施工一体化技术等，使之成为绿色居住的典范。

上城·汤廷

建设地点：河北省秦皇岛市
建筑面积：12.74 万平方米
设计时间：2010 年
建设情况：已建成
获奖情况：河北省优秀工程勘察设计行业一等奖

在规划上小区内部并没有绝对意义上的规划轴线和景观中心，而是在小区内部很自然地布置多个中心节点，从而达到移步异景的规划效果，使住宅和景观更加自然地结合到一起，相互渗透。同时通过建筑与景观的结合，形成围而不合的多重庭院空间，特别强调不同空间的流动性，使社区与城市、庭院与庭院、建筑与建筑互相融会贯通，又各成一体，使空间得以流动，从而达到社区的整体性与均好性。

立面采取新中式古典风格，主色调为宁静、淡雅的黑白灰色调。顶部吸收传统马头墙的做法，化为错落的屋顶和小小的突出的竖墙片。单元的入口处以江南私家园林中的月亮门做造型，有虚有实，营造充满趣味的悠长意境。

两层配套商业，因为受用地所限而立面横长。为了化解立面过长所造成的视觉倦怠，以左右实墙面、中部大面积玻璃窗和坡屋面的手法，达到有虚有实、有平有坡的效果，不再单调。左侧主入口的大墙面，又是虚实结合，一个圆形的花窗嵌入其中，透与未透中，引人入胜。

户型产品设计以小高层（含跃层）为主，同时有 2 栋多层（6 层跃 7 层）和 3 栋 18 层的高层，并且全部设有电梯。户型面积 90~230 平方米。

北方绿野建筑设计有限公司室内设计

建设地点：河北省石家庄市
建筑面积：3370 平方米
设计时间：2014 年
建设情况：已建成

设计以白色为主色调，力显纯粹之美，配以灰色、木色等点缀，于明快中多了几分委婉，于硬朗中多了几分柔情。干练的直线条，突显出设计师办公空间的简洁和高效。空间中除却办公家具与精心挑选的艺术品外，无一多余。通往二层的楼梯吊顶和墙面选择间隔排列的白色铝方通，隔断而不封闭，通透开放，吊顶顶部裸露结构设备，毫不修饰，延续纯粹。灰色地砖，同白色形成视觉反差，亦极尽纯粹之美。匠心独运的灯光设计中，柔和的灯光贴合工作界面，体现设计师的人性化情怀，灯光设计平实温暖，绝不哗众取宠，一如这纯粹的白色，不多不少，不喧不闹。以白色为主，灰色为辅的色彩搭配，同办公空间所属的主体建筑立面的灰白色调相一致，完美诠释了“建筑室内一体化”的设计理念。

10号名邸
中国

石家庄市某指挥调度中心

建设地点：河北省石家庄市
建筑面积：3.3 万平方米
设计 / 竣工：2005 年 / 2007 年
获奖情况：2008 年河北省优秀工程勘察设计二等奖

该项目以“利剑、金盾”作为设计构思，象征了公安机关守护正义、守卫国家安全、服务为民。空间围合和体量造型处理从城市设计角度出发，建筑形体采用两翼半包围形式，与周围环境特别是与槐安路高架桥之间形成了和谐、融洽的城市街区。

东光集团长春高新区出口基地

建设地点：吉林省长春市
规划用地：30 公顷
设计 / 竣工：2007 年 / 2007 年
获奖情况：2013 年兵器部级一等奖

项目采用联合厂房的布局方式，营造出大尺度工业建筑的建构逻辑，连续带形窗与厂房入口处通透的玻璃体共同构建出开放的工业建筑形象。厂房内部设有透空庭院与自然通风屋脊，提高了生产环境的舒适感与亲近感。通过丰富的交往与过渡空间的设置，营造出可供停留与观赏的空间，使得科技与人文得以交会融通。此项目是向包豪斯现代主义大师们致敬的作品，其建立在人文基础之上丰富的“功能主义”内涵成为设计构思的原点。

该项目当年设计、当年施工、当年投产，被长春市领导誉为“东光模式”与“东光速度”。项目建成后，国家领导人曾亲临视察。

中国兵器工业信息化产业基地

建设地点：江苏省南京市
规划用地：30 公顷
总建筑面积：21.8 万平方米
设计 / 竣工：2007 年 / 2009 年
获奖情况：2011 年中国建筑学会工业建筑优秀设计一等奖

该项目是实现我军武器装备跨越式发展、切实提高自主创新能力和核心竞争力的重要平台。规划设计旨在将基地建设成网络化、智能型、高效率的现代化科技园区，充分满足当前及未来光电、信息产品的生产工艺流程和企业管理模式，以简洁、典雅的布局，富有江南园林韵味的环境设计，充分体现南京的地域文化和本土特色，营造出清新、开放的空间意境。

国家陆地搜寻与救护基地（河北基地）

建设地点：河北省石家庄市
建筑面积：2.1 万平方米
占地面积：172 亩
设计 / 竣工：2010 年 / 2012 年
获奖情况：河北省优秀工程咨询三等奖

项目的基地选址、规划布局、建筑功能等均以快速响应、快速集结、快速施救为出发点，模拟训练设施的设置充分考虑辖区灾害类型、发生频率及危害性，并为远期扩建预留场地。基地内设置有建筑火灾训练区、地震及建筑倒塌训练区、交通工具训练区、化学事故训练区等，各种救援设施及构筑物的设计尽可能还原灾害发生时的真实场景。

该项目作为公安部重点建设项目，是华北地区唯一被国务院确定建设的救援基地，对于强化华北地区社会管理和公共服务、保障人民群众生命财产安全具有重要意义。

河北省翠屏山迎宾馆

建设地点：河北省石家庄市
建筑面积：5 万平方米
占地面积：55 公顷
设计 / 竣工：2009 年 / 2012 年

项目选址位于翠屏山北麓与平原的过渡地带，设计充分利用多种生态和工程措施，通过山体修复、雨水径流组织以及景观水体生态自净技术等最大程度体现“海绵城市”设计理念。从修复山水格局、沟河形态、保留原有景观基质入手，几经修改完善，逐步形成了具有“道由白云尽，春与青溪长”这一北方山水意境的建筑群。该项目作为河北省重要的政务接待中心，先后接待了多位国家级重要领导。

河北省纪委、石家庄市纪委廉政教育基地

建设地点：河北省石家庄市
建筑面积：6.3 万平方米
设计 / 竣工：2015 年 / 2016 年
获奖情况：兵器部级一等奖

本项目地块东面临山，地势高低起伏，建筑整体布局简约肃穆又不失空间的灵活多变，立面形象与廉政教育的政治性相切合，空间布局满足接待功能的场地需求。建筑采用坡屋顶，总体规划结合自然地形、因山就势、高低错落，成为西部山前的重要景观建筑群。设计过程中融入海绵城市理念，识别并保护原有的生态斑块，采用生态护坡草毯、石笼生态墙等措施，建立乔、灌、草复层植物群落，起到修复山体、防止水土流失的作用。

河北省第一届园林博览会主展馆

建设地点：河北省石家庄市
建筑面积：2.3 万平方米
设计 / 竣工：2010 年 / 2012 年

建筑设计借鉴戏剧手法并接受心理学理论，以强调对于观览者“心理体验”的重视。建筑形体采用钻石形，存在于心中的原始意象成为激发接受主体的媒介。建筑第一层立面色彩选自绚烂的“枫叶”色系，让人们联想到北方的秋季，契合了园博园倡导的自然主题。双层立面强化了内外的区别与联系，形成一个可以“呼吸”的缓冲空间。部分墙面采用垂直绿化，在不同高度设置的镂空，可以引入阳光与流动的空气，为寄居于此的生物提供共生空间，融合了人与自然的界限。

河北省质量技术监督局

建设地点：河北省石家庄市
建筑面积：4.5 万平方米
设计 / 竣工：2006 年 / 2009 年
获奖情况：2012 年河北省优秀工程勘察设计一等奖

整个建筑以石材的厚重、铝板幕墙的轻盈与玻璃幕墙的现代相结合，主楼主立面造型设计与国家质量监督检验检疫总局徽标相契合，以天平形态隐喻质量监督检验检疫工作的公平性、准确性。主楼与裙楼体量穿插相接，大尺度构架与实体形成虚实与光影的变化，以简约的设计手法体现了科研实验建筑严谨的内在特征，以简洁的形体处理、朴素的建筑色彩与城市环境相和谐。

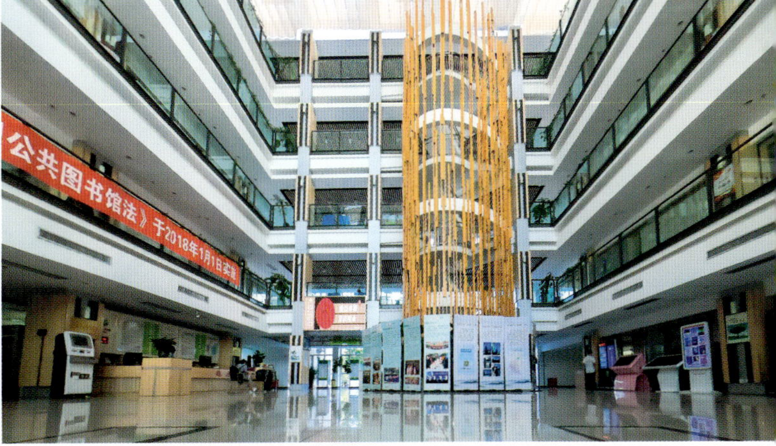

廊坊图书馆

建设地点：河北省廊坊市
建筑面积：1万平方米
设计/竣工：2004年/2006年

廊坊图书馆坐落于市文化艺术中心的梦幻湖畔，东临市区主干道，馆藏书按一百万册设计，采用开架式阅览。馆内采用了先进的智能化业务管理与服务平台，同时为少儿、残障读者设有便利的设备设施，实现了无线网络全覆盖。阅览空间采用网络地板，布线灵活方便，各种阅览空间与多功能的共享中庭共同形成空间变化丰富的城市文化客厅。2013年被文化部命名为“国家一级图书馆”，2017年被中国图书馆学会评为“全民阅读示范基地”。

北京理工大学良乡校区

建设地点：北京市房山区
建筑面积：18.5 万平方米
设计 / 竣工：2005 年 / 2012 年

理学楼群南面正对广场，主入口处设钟楼，起到控制点作用，东部的圆弧形阶梯教室活跃了空间环境，丰富了立面效果。大玻璃窗与竖向线条结合，立面处理简洁大方，满足教学建筑的功能要求。物理实验中心楼北面正对广场，主入口部分设二层高中庭，为轻钢点式玻璃幕，三层顶部设架空格板，既丰富了空间造型，又利于中庭遮阳。基础物理实验室部分叠层布置，丰富了北立面。立面简洁大方，带形窗外设百叶隔栅，利于遮阳。楼电梯间高出楼面，为铝板玻璃钟楼穿插于建筑角部，形成东面视觉焦点。

河北金融学院

建设地点：河北省保定市
占地面积：1 000 亩（约 666 667 平方米）
设计/竣工：2003 年/2005 年
获奖情况：2010 年河北省优秀工程勘察设计三等奖

规划设计将全校人流最为集中的图书馆、公共教学楼、学科教学楼等形成教学区核心组团，成为校园的标志性建筑群。图书馆采用藏阅一体模式，除开架式阅览外，超前地增加了电子类图书的阅读与制作空间，为数字化图书馆预留了发展空间与设施。

中商大厦（新合作大厦）

建设地点：河北省石家庄市
建筑面积：11 万平方米
设计 / 竣工：2012 年 / 2016 年

中商大厦（新合作大厦）位于石家庄市商业核心区，紧邻北国商城，建筑高度 168 米，是目前这一地段最高的建筑。方案创作时，希望它能以谦卑的姿态融入到周边环境中，借鉴曼哈顿的城市设计，外形有规律的退台既可以改善日照与风环境，还可以充分发挥建筑低层业态的商业价值。退台形成的约 3 500 平方米可绿化屋面，可以延续人们对绿色庭院的知觉感受，改善办公环境和局部微气候，同时为城市人与鸟类的共生提供了适宜的建筑环境。该建筑为绿建二星。

六九硅业消防站

建设地点：河北省保定市
建筑面积：1.2 万平方米
设计 / 竣工：2009 年 / 2011 年
获奖情况：2014 年河北省优秀工程勘察设计二等奖、2012 年河北省十佳绿色建筑奖

建筑主体采用矩形体块，平面设计借鉴传统建筑设计中的合院式布局，用环廊及楼梯间将建筑中各部分联系起来，方便消防战士训练出勤。根据消防站功能要求和太阳能电池板安装特性，东、西、南立面采用光电幕墙作为消防站电力供应的方式之一，兼顾了六九硅业企业产品的外在宣传与室内能源的供给和采光要求。建筑主体立面为全玻组件幕墙，太阳能光伏发电装机容量达到 250 千瓦，年发电 30 万千瓦时，费效比 5.84，每年可节约标准煤 120 吨，减少二氧化碳排放 312 吨。该项目是中国首座依靠太阳能光伏发电并网的绿色消防站，中央电视台“新闻联播”节目曾对此进行报道。

图书在版编目（CIP）数据

河北省工程勘察设计大师丛书. 建筑卷 / 河北省工程勘察设计咨询协会主编.
— 天津：天津大学出版社，2018.11
ISBN 978-7-5618-6306-0

Ⅰ. ①河… Ⅱ. ①河… Ⅲ. ①建筑工程 – 工程技术人员 – 生平事迹 – 河北 Ⅳ.
① K826.16

中国版本图书馆 CIP 数据核字（2018）第 278808 号

Hebei Sheng Gongcheng Kancha Sheji Dashi Congshu. Jianzhujuan

策划编辑 金 磊 韩振平 郭 颖
责任编辑 郭 颖
装帧设计 《建筑评论》编辑部 吴 迪

出版发行 天津大学出版社
地 址 天津市卫津路 92 号天津大学内（邮编：300072）
电 话 韩振平工作室 022-27402281
网 址 publish.tju.edu.cn
印 刷 北京利丰雅高长城印刷有限公司
经 销 全国各地新华书店
开 本 210 mm × 285 mm
印 张 11.5
字 数 191 千
版 次 2018 年 11 月第 1 版
印 次 2018 年 11 月第 1 次
定 价 136.00 元